Cestuj s radosťou, efektívne a srdcom plným zážitkov

Anna Imrichová

© 2025 Anna Imrichová.
Všetky práva vyhradené.
Žiadna časť tejto publikácie nesmie byť reprodukovaná, distribuovaná ani šírená v akejkoľvek forme alebo akýmikoľvek prostriedkami bez predchádzajúceho písomného súhlasu držiteľa autorských práv.

Prológ

Predstav si, že držíš v rukách kľúč k novým dobrodružstvám, ktoré rozžiaria tvoje dni a naplnia tvoje srdce. Presne to ti prináša táto e-kniha – sprievodca pre všetkých, ktorí túžia cestovať viac, šikovnejšie, efektívnejšie a hlavne s radosťou!

Cestovanie už nemusí byť len snom! Nemusíš byť milionár, aby si mohol objavovať svet – stačí trocha nadšenia, odvahy a táto kniha, ti ukáže spôsoby, ako na to. Zabudni na obavy z cien a začni si plniť sny o krásnych plážach, očarujúcich mestách či prírodných zázrakoch.

Naplánuj si dovolenku snov – jednoducho, lacno a s úsmevom!

Dovoľ mi privítať ťa na prahu nového dobrodružstva. Predstav si, ako zatváraš oči a cítiš, ako sa okolo teba vznáša vôňa cudzích krajín, šumí more a neznáme uličky volajú tvoje kroky. Tento sprievodca nevznikol len tak – písala som ho so srdcom otvoreným všetkým túžbam po poznaní, oddychu aj vzrušení, ktoré prináša každý začiatok cesty.

Chcem, aby sa z tvojho plánovania stalo potešenie, nie splnenie povinnosti. Započúvaj sa do vlastných predstáv: bude to búrlivý vietor dobrodružstva, slaný vzduch na pobreží alebo šepot kultúry ukrytý v dlažbe starých miest? V každom prípade, som pripravila cestovateľského sprievodcu, ktorý ťa prevedie krok za krokom – od prvotného nápadu, cez praktické tipy, až po malé detaily, ktoré robia z výletu nezabudnuteľný zážitok.

Som presvedčená, že na nasledujúcich stranách objavíš nielen nové informácie, ale aj inšpiráciu, ktorú môžeš využiť nielen pri plánovaní dovolenky, ale aj v každodennom živote aj pri prezeraní svojich obľúbených portálov. Ver mi, každý máme v sebe cestovateľa, ktorý len čaká na vhodnú chvíľu vyraziť. Tak neváhaj a nechaj sa viesť – tento e-book je tu práve pre tvoje sny a tvoje odhodlanie premeniť krásne sny na skutočnosť.

OBSAH

1. ✨ Plán
2. 🌍 Výber tvojej ideálnej destinácie
3. ✈ Ako nájsť letenky za super ceny
4. 💤 Tipy na výhodné ubytovanie
5. 💰 Porovnávanie cien a šetrenie bez stresu
6. 🚗 Transfery do hotela jednoducho
7. 🔎 Vyhľadávanie atrakcií, ktoré stoja za to
8. Inšpiratívna cesta do Ölüdeniz v Turecku
9. 📝 Pracovný list na plánovanie tvojej dovolenky, Praktický plán cestovateľa

Table of Contents

Cestuj s radosťou, efektívne a srdcom plným zážitkov 1
Prológ 3
OBSAH 7
Úvod 11
PLÁN 1
   Ako ideálne plánovať? 1
   Prečo sa oplatí plánovať vopred? 1
   Plánovanie dovolenky môže byť zábava 3
   2. Vyberte si destináciu 4
   3. Vytvorte si #plán skvelej dovolenky 4
   Urobte si prieskum: 5
   Poďme plánovať prakticky s úsmevom na perách a nadšením v srdci- počet dní na relax a cestovanie 9
   Tvoríme cestovateľské sny, krok za krokom. Tipy od srdca: 10
   2. Vyhľadávanie s úsmevom a prakticky 10
   A teraz poďme vyhľadávať prakticky: 11
   Najkrajšie pláže v okolí Dalamánnu 11
   Výber destinácie 13
  3. Letenky 16
   ✈ 3.1 Letenky – Ako ich kúpiť lacno, šikovne a bez stresu 16
   Letecké nízkonákladové spoločnosti- Ryanair 17
   Ako neplatiť zbytočne viac za letenky? 18
   WIZZ Discount Club Light – bez členských poplatkov 20

Štandardný WIZZ Discount Club – pre pravých cestovateľov 21

3.2 Pelikan.sk – Vstupná brána k dobrodružstvu za výborné ceny 22

3.3 Spodná časť formulára 23

EasyJet – Britská klasika medzi nízkonákladovkami 23

3.4 British Airways – Elegantne a pohodlne po celom svete 24

Vyhľadávače pre predaj leteniek a ubytovania 25

3.5.2. Mám vybranú destináciu.. 28

Postup na momondo.com 30

Objavujte svet s Opodo.com 33

Lastminute.com 34

Možnosti vyhľadávania na Lastminute.com 36

Výhody vyhľadávania leteniek cez Google 39

Skyscanner.net -Váš ďalší šikovný spoločník na cesty 41

1. Všetky ceny na jednom mieste 41

2. Upozornenia na zmenu cien 41

4. Objavovanie nových miest 42

.... 42

5. Praktická mobilná aplikácia 42

4 . Ubytovanie – Rezervácia ubytovania , ktorá vás poteší! .. 45

5.Porovnávame Ceny Ubytovania 51

5.1 Tripadvisor.com – Porovnávač, ktorý vám uľahčí cestovanie 51

5.2 Trivago – Váš ďalší pomocník pri hľadaní najlepších cien za ubytovanie 53

Ubytovanie cez Tripadvisor – Získajte najlepšiu cenu za váš pobyt 54

Výhody Booking.com a Tripadvisor pri rezervácii ubytovania a leteniek 56

Tripadvisor – porovnajte ceny za noc 56

Recenzie – kľúč k správnemu výberu hotela 56

Google Maps a Google Earth – Otestujte si hotel a jeho okolie 57

6. Výber Transferu Z Letiska Do Hotela A Späť 58

7. Trip.Com- Vyhľadávač Výletov A Atrakcií V Okolí 61

Cesta do Turecka Oludeníz 64

8. Let Z Bratislavy Do Tureckého Dalamanu 65

Veľmi zaujímavé miesta v oblasti Oludeniz a okolí sú: 66

Letovisko Ölüdeníz a paraglaiding 67

Turecká kuchyňa 70

.... 73

Pláž v Ölüdeníz 73

Výlety 75

More v Ölüdeníz 76

Plán cesty -zaznamenajte si 78

Úvod

Ľudia cestujú z rôznych dôvodov – niekto túži po dobrodružstve, iný po pokoji, ďalší po poznaní nových kultúr, alebo stretávanie sa s novými ľuďmi. Ja cestujem preto, že mi to prináša radosť. Milujem ten pocit, keď si sadnem do lietadla, a predo mnou leží celý svet otvorený, ako nepopísaná kniha.

Ale priznám sa – nie vždy to tak bolo. Kedysi som len túžila, no obavy z cien ma brzdili. Zájazdy s cestovkami boli pre mňa luxus, a keď sme chceli ísť s rodinou na výlet, zväčša nám to spôsobovalo stres vo financiách.

Až kým som neobjavila triky, ako cestovať **lacnejšie, múdrejšie a slobodnejšie**. Dnes si užívam štyri dovolenky ročne a domov sa vždy vraciam s úsmevom, oddýchnutá a plná zážitkov.

Ak túžiš zažívať rovnaký pocit radosti z cestovania, táto kniha je presne pre teba.

Nájdeš v nej konkrétne tipy, návody, overené stránky a moje osobné odporúčania, ktoré ti pomôžu plánovať tvoje dobrodružstvá **efektívne, s ľahkosťou** – bez stresu a s radosťou v srdci.

A to najlepšie? Nemusíš sa ničoho vzdať. Komfort, zážitky aj úspora môžu ísť krásne ruka v ruke. V závere knihy na teba čaká praktický **pracovný list**, ktorý si vyplň,a tvoj sen o vysnívanej dovolenke premení na plán.

Vitajte, moji milí cestovatelia dušou i srdcom!

Som Anna, ktorá verí, že **cestovanie ti rozjasní myšlienky, rozprúdi fantáziu a premení obyčajné dni na nezabudnuteľné zážitky.**

S veľkou radosťou vás pozývam na jednu špeciálnu cestu – nie letecky do ďalekej krajiny (aj keď aj to príde), ale na **cestu plnú inšpirácie, nápadov a malej iskry, ktorá prebudí túžbu objavovať svet okolo nás.** Verím, že sny sa majú plniť – a cestovanie nemusí byť luxusom len pre vyvolených.

Ukážem vám, ako sa dá cestovať **šikovne, s úsmevom a bez toho, aby ste museli rozlúčiť so všetkými úsporami.** Áno, aj vy si môžete dopriať dovolenku, výlet a krátky únik z reality a získajte skvelé cestovateľské zážitky– a to úplne podľa svojich predstáv.

Čo vás čaká v tejto knihe?

Pripravila som pre vás **praktické a overené tipy**, ktoré som nazbierala počas vlastných ciest.
Sú to rady, ktoré vám **uľahčia plánovanie, ušetríte vďaka nim peniaze, zbytočné starosti**, ale hlavne – **prinesú vám viac radosti z objavovania!**

Spoločne sa pozrieme na to:

✦ ako vybrať destináciu, ktorá vám bude sedieť ako uliata
✦ kde hľadať výhodné letenky a ubytovanie
✦ ako si zostaviť rozpočet, ktorý vás nebude obmedzovať, ale motivovať

✦ a mnoho ďalších trikov, ktoré som si sama vyskúšala a ktoré **fungujú!**

Tak čo poviete, pridáte sa ku mne?
Teším sa, že vás môžem sprevádzať na ceste za vašimi cestovateľskými snami!
S láskou, radosťou a kopou energie
Vaša Anna

Čo sa dozviete? Ako

🌐 si **naplánovať dovolenku** podľa seba – pokojne, efektívne a bez stresu,

✈ si **zabookovať letenky** cez Nízkonákladové spoločnosti bez zbytočných poplatkov,

🔍 **vyhľadať najlepšie ceny** a rezervovať krásne, dostupné ubytovanie,

☐ **skombinovať výhodné ponuky** leteniek a hotelov,

🚐 **zabezpečiť si transfer** z letiska až ku svojmu vysnívanému hotelu,

📍 objaviť zaujímavé **miesta a atrakcie** v okolí,

🚶 a ešte si za ušetrené peniažky dopriať viac radosti, relaxu a zážitkov, na ktoré nezabudnete. To všetko jednoducho, s úsmevom a chuťou objavovať.

PLÁN

Ako ideálne plánovať?

Nie je tajomstvom, že dovolenku na budúci rok, je najlepšie začať plánovať už dnes, alebo ideálne hneď po návrate z tej poslednej – keď máte ešte čerstvé spomienky, nadšenie v srdci a hlavu plnú nových snov. Plánovanie dovolenky dostatočne vopred je dôležitý krok pre zabezpečenie príjemného cestovania.

Prečo sa oplatí plánovať vopred ?

✤ **Lepšie ceny:** V predstihu máte na výber z najvýhodnejších ponúk – či už ide o letenky, ubytovanie alebo balíčky výletov.

✤ **Viac možností:** Termíny, destinácie, typy hotelov aj izieb – všetko je otvorené a dostupné.

✤ **Pokojné plánovanie:** Bez stresu a zhonu si pripravíte rozpočet, porovnáte možnosti a vyhnete sa drahým "last minute" riešeniam.

Najlepšie na plánovaní s predstihom je, že sa cestovanie stáva radosťou už počas príprav. Môžete si postupne čítať recenzie, tešiť sa na miesta, ktoré chcete navštíviť, vytvárať si zoznamy "must see" a snívať pri šálke kávy s mapou v ruke.

Môj tip: Vytvorte si cestovateľský zápisník alebo plánovací hárok, kam si zapisujete všetky nápady, linky, fotky či inšpirácie – budete mať všetko pokope a plánovanie vás začne baviť, ako nové hobby. Mali by ste si dať otázku: „Kam ma to ťahá najviac? " K moru, do hôr, na dobrodružný roadtrip alebo oddych v meste plnom histórie? Dovolenka totiž nezačína odletom, ale už vtedy, keď o nej začnete premýšľať.

S láskou a radosťou pri plánovaní Anna.

Spolu si prejdeme:

- ✓ ako si určiť **ciele vašej dovolenky** – či viac túžite po horách, mori, dobrodružstvách alebo oddychu,
- ✓ ako si vybrať **ideálnu destináciu** podľa vašich snov,
- ✓ ako vytvoriť **plán dovolenky** – vrátane dĺžky pobytu, výletov a ideálneho obdobia,
- ✓ na čo si dať pozor pri výbere sezóny, počasia a cien,
- ✓ ako si **urobiť malý prieskum**, aby ste si do vybrané miesto zamilovali vopred

✻ **Tipy, ktoré vám pomôžu:**

✓ využívajte Google Earth a Google Maps ešte pred dovolenkou, aby ste si prezreli pláže, a okolie hotela, a destinacie sledujte a prečítajte si recenzie hotelov – vedia veľa napovedať,

✓ prečo sa máte prihlásiť do účtov ako Booking.com, Agoda či Trip – a ako vám to uľahčí cestovanie.

Cestovanie je o slobode, radosti, zážitkoch a spomienkach, ktoré vám nikto nevezme. Verím, že **vás táto kniha bude sprevádzať na ceste za vašimi snami**, a že si vďaka nej **naplánujete dovolenku podľa túžob svojho srdca** a prežijete chvíle, ktoré vás nabijú energiou, pokojom a šťastím. Teším sa, že sa stretneme na stránkach tohto e-booku a že sa vaša cestovateľská duša rozžiari naplno.

Plánovanie dovolenky môže byť zábava

Možno sa Vám na prvý pohľad zdá že ide o množstvo organizovania, ale verte mi – **plánovanie vašej vysnívanej dovolenky** môže byť krásny a tvorivý proces.

Je to ako skladať puzzle radosti, kde každý kúsok vedie k nezabudnuteľným zážitkom.

Tu je niekoľko kľúčových krokov pre úspešné #plánovanie_dovolenky:

1. Stanovte si ciele

Zamyslite sa – po čom vaše srdce túži? A rozhodnite sa, čo od #dovolenky očakávate.
Chcete len tak lenošiť na pláži s knihou v ruke a šumom mora v pozadí? Alebo vás láka dobrodružstvo, turistika, nové chute, kultúra, adrenalín? Definujte si svoje cestovateľské sny a všetko sa zrazu začne skladať do úžasného celku. Zistenie vašich cieľov vám pomôže vybrať si správnu destináciu a naplánovať aktivity.

2. Vyberte si destináciu

Svet je nádherné miesto a čaká len na to, kým si vyberiete. Inšpirujte sa, pozrite si fotky, recenzie, videá – a nechajte sa uniesť. Každá krajina má svoje čaro a niekde tam je tá vaša vysnívaná. Môžete si vybrať miesto, kde ste ešte neboli, a sledovať rôzne faktory, ako kultúru, aktivity, prírodné krásy, dobrodružstvá, alebo len oddych. Ak máte v pozornosti viacero destinácií, nájdite si a porovnajte pred vycestovaním výhody aj nevýhody ich výberu.

3. Vytvorte si #plán skvelej dovolenky

Zoberte si šálku kávy alebo pohár skvelého nápoja, sadnite si a začnite snívať na papieri.
Po výbere destinácie určte:

✈ Kde by ste chceli cestovať.
🛏 Dĺžku pobytu a obdobie kedy destináciu navštívite
  📅 výlety, ktoré by ste chceli absolvovať.
💰 Koľko by ste chceli (a mohli) minúť?
🌡 Aké je tam počasie v období, ktoré ste si vybrali, zistite si teplotu vzduchu a mora,
  a či nie je napr. obdobie dažďov,
☐ Čo všetko by ste chceli zažiť?
🌡 Zistite, či sú v destinácii aj mimo sezóny skvelé a vyhovujúce teploty, pričom ceny sú pre
  vašu peňaženku priateľskejšie.

Urobte si prieskum:

- či vám daná destinácia bude vyhovovať,
- či chcete chodiť po horách,
- ležať pri mori,
- odpočívať aktívne, alebo
- máte radi kombináciu oboch možností.

Iste vám už myseľ blúdi v predstavách, ako si zabezpečiť dostatočné finančné prostriedky, aby ste mohli cestovať bez zbytočných starostí. Plánovanie dovolenky nie je len o termínoch a cenách. Je to o **radosti z očakávania**, o motýľom pocite v bruchu, keď si predstavíte, že sa prechádzate po pláži, ochutnávate niečo nové, veľmi chutné, usmievate sa na neznámych ľudí, ktorí sa stanú súčasťou vášho príbehu...

Pre plánovanie dovolenky je tu hneď na úvod zopár tipov:

- **Stanovte si cieľ a rozpočet**

  Rozpočet by mal byť váš kamarát. Možno vás prekvapí, koľko krásneho sa dá zažiť aj s menším rozpočtom. Predstavte si, kam by ste sa radi pozreli, ako by ste sa tam chceli cítiť, čo by ste chceli zažiť... A potom si k cieľom priraďte váš realistický cestovateľský **rozpočet**, ktorý vám pomôže váš sen uskutočniť.

- **Môj tip:** Keď cestujete mimo hlavnej sezóny, ušetríte nielen peniaze, ale vychutnáte si aj pokojnejšiu atmosféru.

- **Odkladajte si peniažky vopred** – pravidelne alebo aj nepravidelne, podľa možností. Každé euro vás priblíži k vášmu cieľu! Je úžasné sledovať, ako sa z malých čiastok stáva veľké "wow".

- **Nezadlžujte sa a cestujte s čistou hlavou**

Cestovanie a dovolenka má prinášať radosť, nie stres. Preto určite neodporúčam siahať po pôžičkách. Namiesto toho si nahromadenie potrebných financií na dovolenku rozdeľte na **viac menších krokov a viac menších platieb**. Je to jednoduchšie, pokojnejšie a bez stresu.

Napríklad tu je zopár krokov napr. pre letnú cestu a dovolenku:

- Na jar si kúpite výhodné letenky
- Potom si hneď alebo v krátkom čase zarezervujete ubytovanie s malou zálohou, alebo platbou až pri príchode

- Do leta si pohodlne našetríte zvyšok doplatku ubytovania a vreckové, a ešte vám zostanú finančné prostriedky aj na **zábavu a výlety**!

- Porovnajte si ceny toho istého ubytovania na internetových portáloch a vezmite si ponuku toho istého ubytovania s najnižšou cenou

Malé triky, ktoré sa oplatia

- **V zime** si skúste odložiť aspoň 1000 – 2000 € – budete pripravení na prvé rezervácie, keď ceny bývajú najvýhodnejšie.

- Napr. na **Bookingu** využite vernostný **Genius program** – zľavy 10–15–20 % nie sú na zahodenie

- Portál **Agoda.com** zas ponúka výhodné kombinácie s predĺžením pobytu.

- Stayforlong.com zas ponúka krátkodobé zľavy ubytovania trvajúce niekoľko hodín

- A nezabúdajte na „**My World Cash**" – malé percentá z nákupov sa vám zbierajú a od 10 € si ich môžete nechať vyplatiť späť na účet. Nie je to síce výhra v lotérii, ale… každý bonus poteší.

Milí moji cestovatelia, tému ubytovania si ešte nechávam ako čerešničku na torte na neskôr – a verte mi, mám pre vás nachystané samé chutné cestovateľské vychytávky, ktoré vám nielen ušetria peniažky, ale spríjemnia celý váš pobyt! Tak zostaňte so mnou naladení na pozitívnu vlnu a nezabudnite – **každý deň je ten správny na začatie nového dobrodružstva**!

Poďme plánovať prakticky – s úsmevom na perách a nadšením v srdci- počet dní na relax a cestovanie

Koľko dní potrebujem na oddych? Ak už **máte** jasno v tom, **koľko dní** si potrebujete dopriať pre seba na oddych, objavovanie, a radostné chvíle je to skvelá správa.

Z vlastnej skúsenosti viem, že 7-8 dní je len také "roztopenie sa do dovolenkovej nálady". Ten pravý relax **prichádza až okolo 10. dňa a viac**. Prvý deň si zvykáte, posledný deň balíte kufre...
Preto si doprajte čas, aby ste si skutočne **vychutnali pohodu, slnko, vône a zážitky** minimálne počas 10 dní.

A teraz ešte jedna výzva: **váš rozpočet nemusí byť vôbec prekážkou.** Práve naopak – je to úžasná cesta, ako objaviť miesta, ktoré sú nielen očarujúce, ale aj dostupné. Treba mať na pamäti aj to, že niektoré destinácie sú pre cestovanie a pobyty všeobecne drahšie, zatiaľ čo iné môžu byť cenovo dostupnejšie. Doležitým javom je vopred si prezistiť ceny jedál, ubytovania a služieb v danej destinacii. Ďalšou zaujímavou informáciou je, že mnohé destinácie vás v čase **mimo hlavnej sezóny** milo prekvapia nielen svojou krásou, ale aj **nižšími cenami.**

Ubytovanie, dobré jedlo, či presuny po okolí vás nemusia stáť celý majetok – práve naopak. Niekedy stačí len správne načasovanie, troška šikovnosti a môžete si užívať **viac zážitkov za menej peňazí**. Viac chutí, viac krásnych miest, viac smiechu a radosti…k tomuto Vám poskytnem nižšie ďalšie tipy od srdca pre vaše cestovateľské sny.

Tvoríme cestovateľské sny, krok za krokom. Tipy od srdca:

- Veľké mestá bývajú drahšie, avšak pokojné okrajové oblasti skrývajú poklady – nižšie ceny, prírodu, pohodu a čaro, ktoré si zamilujete 💔

- Cestovanie **autobusom, vlakom, prenajatým autom, alebo aj pešo** môže byť nielen úspornejšie, ale aj zážitkom samým o sebe 🚶‍♀️🚌

- Ak cestujete s rodinou, myslite na to, že aj výber ubytovania, počet dní a typ stravy (raňajky, polpenzia či plná penzia) ovplyvní váš rozpočet – ale aj napriek tomu sa všetko dá krásne nastaviť podľa vašich predstáv ✿

2. Vyhľadávanie s úsmevom a prakticky

A teraz prichádza zábavná časť. Otvorte si internet a do adresářového riadku napíšte Google.com. Do okienka vyhľadávača napíšete kľúčové slová a vety, prípadne ak ich už poznáte tak zadajte názvy tých miest , kde chcete dovolenku stráviť a kam vás ťahá srdce 🖤.

A teraz poďme vyhľadávať prakticky:

Napr. Ak chcete navštíviť Turecko, kľúčovými slovami budú :

- „Najkrajšie pláže v okolí Dalamánnu"

Chcete ísť napr. na Maurícius?

Napíšte do vyhľadávača napríklad:

„Najkrajšie pláže na Mauríciu" atď. a tak ďalej ....

Najkrajšie pláže v okolí Dalamánnu

Google vyhľadal a zobrazil hneď v prvom odseku text a link:
"za najkrajšiu sa považuje 3 km dlhá pláž v letovisku Ölüdeníz".
Ja som takto vo vyhľadávaní narazila na pláž Ölüdeniz – nádherný kúsok raja neďaleko Fethyie v provincii Mugla v Turecku– a hneď som sa aj rozhodla,že **pôjdem práve tam do** Ölüdeniz !

Sami máte možnosť vidieť, že Google.com vám při vyhľadávaní už v prvých riadkoch odhalí skvélé prírodné zákutia, o ktorých ste ani netušili

Svet je na dosah ruky stačí vedieť, ako správne vyhľadavať. Cestovanie je radost a dobrodružstvo a keď plánujete srdcom, zmení vám život.

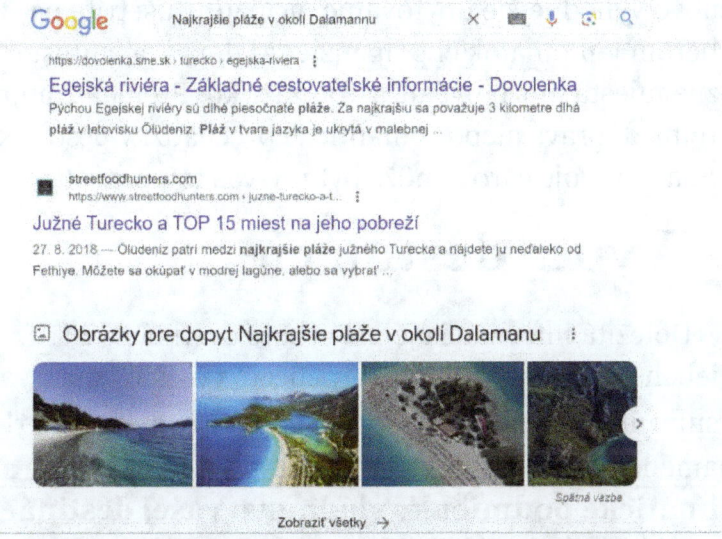

Správne a čarovné kľúčové slová vám otvoria svet k poznávaniu a cestovaniu sú napr. :

- najkrajšie pláže,

- najúchvatnejšie horské strediská,

-mestá plné histórie,

- najkrajšie malebné dedinky.

Plánujte cestu so srdcom, rozumom a s úsmevom!

Pri plánovaní dovolenky hrá úlohu veľa krásnych detailov – a jedným z nich je aj **počet členov rodiny**. Je prirodzené, že s väčším počtom ľudí prichádza aj potreba premýšľať nad spôsobom, ako rozumne rozdeliť rozpočet.

Ale to vôbec neznamená, že sa musíte vzdať krásneho zážitku.

Niekedy si zvolíte menej nocí, inokedy pohodlnejšie, ale cenovo výhodnejšie ubytovanie, prípadne ušetríte na strave výberom len raňajok či polpenzie. Aj doprava a presun na rôzne miesta môžu byť súčasťou zážitku. Prenajaté auto, verejná doprava alebo romantické prechádzky pešo – každá forma má svoje čaro a môže byť pre vás tou pravou.

Výber destinácie

Dôležitá informácia je pri výbere destinácie zistiť priebeh počasia v období, kedy chcete vycestovať na Vašu vysnívanú dovolenku . Lebo aj slnko má svoj kalendár! ☀ To znamená , že pri výbere termínu si vždy skontrolujte, **aké klimatické podmienky vládnu vo vašej destinácii**. Nie je to nič ťažké. Stačí kliknúť na niektorú z týchto stránok, zistiť teplotu vzduchu a vody prípadne iných klimatických podmienok vo vasom plánovanom období v oblasti o ktorej uvažujete napr. na portáloch :

- weather.com
- accuweather.com
- meteo.com
- alebo jednoducho Google

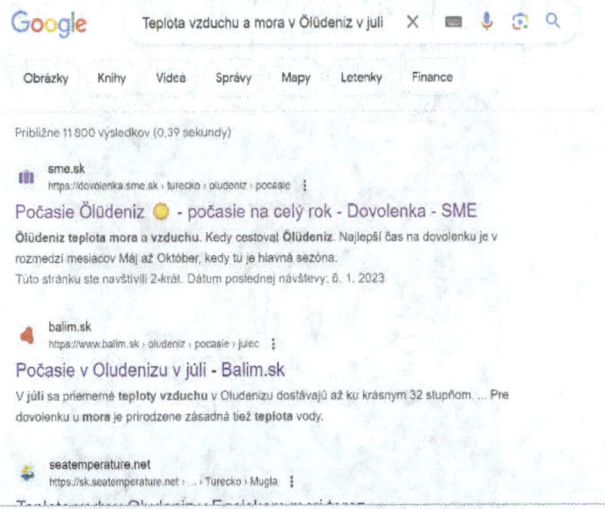

Nájdete tam nielen aktuálne predpovede, ale aj **dlhodobé klimatické štatistiky**, ktoré vám pomôžu naplánovať dovolenku v tom najkrajšom období.

Do vyhľadávača zadajte kľúčové vety „Teplota vzduchu a mora v Oludeníz"

Portály o počasí sú ako malí kúzelní pomocníci – presne vám napovedia, kedy a kam vyraziť, aby bola vaša dovolenka čo najpríjemnejšia. Stačí pár klikov a hneď viete, aké teploty vás čakajú, ako teplá bude voda, či sa treba pripraviť na slniečko, alebo si naopak pripraviť dáždnik.

Chystáte sa napríklad do Turecka v júli? Jedným očkom pozriete na predpoveď a hneď viete, či je váš termín pre vás ten pravý.

☞ Nezabúdajte, každá krajina má svoje "ideálne obdobie". Zatiaľ čo v Španielsku sa môžete v lete sniť a užívať si tapas, v Thajsku vás v tom istom čase môže privítať monzúnový dážď a na Seycheloch môže byť práve obdobie hustých lejakov. Dobre načasovaná dovolenka s ohľadom na počasie znamená viac zážitkov a menej starostí.

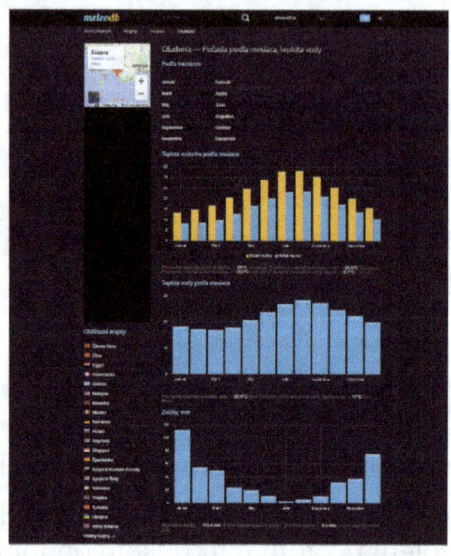

3. Letenky

Letecké nízkonákladové spoločnosti

Ďalším krokom je urobiť si dovolenkový plán, ktorý vám vie ušetriť nemalé financie.
Začneme letenkami, a ukážeme si zopár možností kde a jako ich kúpiť za nižšie ceny.

✈ 3.1 Letenky – Ako ich kúpiť lacno, šikovne a bez stresu

☐ Zameriame sa na nízkonákladové letecké spoločnosti, ktoré vám vedia splniť cestovateľský sen aj s menším rozpočtom. Je ich mnoho, preto som vybrala tie s ktorými cestujem najviac , no informácie , znalosti a inšpiráciu viete použiť aj v iných vámi obľúbených nízkonákladových spoločnostiach.

3.1 a. Ryanair

Írska nízkonákladová spoločnosť, kráľovná lacných letov v Európe.

- Pôsobí vo viac ako 40 krajinách

- Letí z Bratislavy, Londýna, Viedne, Budapešti, Krakova, a iných miest
- Často používa sekundárne letiská (napr. Bergamo pri Miláne)

3.1.b . EasyJet

Britský hráč s bohatou sieťou destinácií v Európe a aj mimo nej.

- Zameraný na krátke a strednodobé lety
- Lieta do viac ako 150 miest v 35 krajinách

3.1.c Wizz Air

Maďarská spoločnosť, obľúbená najmä pre lety z Budapešti, Viedne a Košíc.

- **Skvelá pre víkendové pobyty a dovolenky pri mori**
- Lacné, pohodlné a časté spojenia

Letecké nízkonákladové spoločnosti- Ryanair

Ryanair je nízkonákladová spoločnosť, ktorou sa prepravíte v rámci Európy napr. z letiska Bratislava do krajín tučne zobrazených na obrázku.**Z letiska Viedeň** sa prepravíte do týchto krajín:

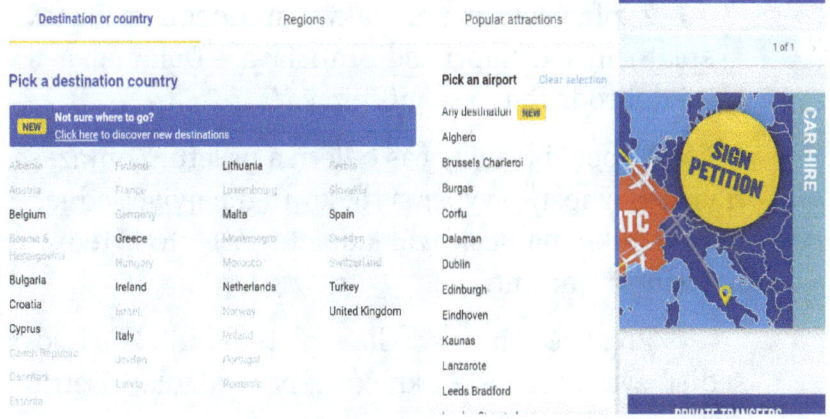

Ako neplatiť zbytočne viac za letenky?

Chceš cestovať šikovne a ušetriť peniaze na zážitky namiesto zbytočných poplatkov? Tu Vám uvádzam jednoduchý a radostný návod, ako si rezervovať lacnú letenku cez Ryanair – bez stresu a s úsmevom, krok za krokom – ľahko a rýchlo:

- Prihlás sa do svojho účtu na stránke ryanair.com – prihlasenie nájdeš vpravo hore. Ak ešte účet nemáš, stačí si ho vytvoriť – zaberie to len pár minút.

- Vyhľadaj si svoju vysnívanú trasu – zadaj miesto odletu a cieľovú destináciu. Klikni na Hľadať (Search) a sleduj, čo ti Ryanair ponúkne!

- Vyber si dátum odletu – jednoducho klikni na deň, ktorý ti vyhovuje, a potvrď ho tlačidlom Zvoliť.

- Zvoľ si dátum a rovnakým spôsobom si nastav aj spiatočný let. Napríklad Bratislava – Dalaman a letné dobrodružstvo sa môže začať.

- Vyber si ideálny čas odletu a príletu. Zobrazí sa ti viac možností – vyber si tú, ktorá ti najviac sadne. Potom klikni na Basic (základná tarifa) – to je ten najlacnejší variant.

- Preskoč výber sedadla – ak ti nevadí, kde budeš sedieť, zvoľ možnosť Pokračovať bez sedadla. Ušetríš ďalšie eurá!

- Batožina? Pokiaľ cestuješ naľahko, postačí ti 1 malé príručné batožinové zavazadlo (40x20x25 cm) – zdarma!

- Zadaj osobné údaje a číslo dokladu (pas alebo občiansky preukaz – podľa destinácie).

- Nepridávaj zbytočnosti na tomto portáli ako je poistenie, prenájom auta alebo autobus, pokiaľ ich vážne nepotrebuješ.

- Klikni na Pokračovať, zadaj platobnú kartu a... hotovo. Tvoje letenky sú rezervované.

Batožina a Check-in

Urobte online check-in doma – ušetríte tým zbytočné poplatky na letisku

- Letenku si vytlačte alebo uložte do mobilu
- Na letisku by ste zaplatili peniaze navyše za tlač letenky
- Vyberte si typ batožiny už pri kúpe , na letisku sú ceny vyššie

- Overte si, či vaša batožina zodpovedá rozmerom, inak sa môžete stretnúť s pokutou.

Grace Period od Ryanair

- 24 hodín po zakúpení letenky môžete zadarmo zmeniť meno alebo dátum
- Platí len pri nákupe cez aplikáciu Ryanair alebo oficiálnu stránku
- Neplatí pri nákupe cez sprostredkovateľov (napr. Pelikán, Kiwi)

Tip: Letenku si vyhľadajte cez porovnávače (napr. Skyscanner, Azair, Pelikán)
Ale kúpu letenky urobte na tom portáli, kde je najlacnejšia .

WIZZ Discount Club Light – bez členských poplatkov

Je klub kde si chceš len užiť dobré jedlo počas letu a ušetriť pár eur na suveníroch. Na výber máš dve verzie členstva a vyber si to, ktoré ti najviac vyhovuje. Club Light variant je ideálny pre príležitostných cestovateľov, ktorí si chcú vychutnať let bez veľkých záväzkov. Výhodné sú:

✓ **Zľavy na palubné jedlo**
✓ **Výhodnejšie ceny na sortiment v butiku**
✓ **Aktivuješ si ho jednoducho cez aplikáciu Wizz Air**

Štandardný WIZZ Discount Club – pre pravých cestovateľov

Túžiš po väčších zľavách a pohodlí počas celého roka? Tento klub ti to splní! Za malý ročný poplatok dostaneš celoročné výhody, ktoré potešia tvoju peňaženku aj chuť po dobrodružstve.

- Zľavy na cestovné po celý rok Kupóny na nákupy v palubnom butikuExtra ponuky na palubné jedlo

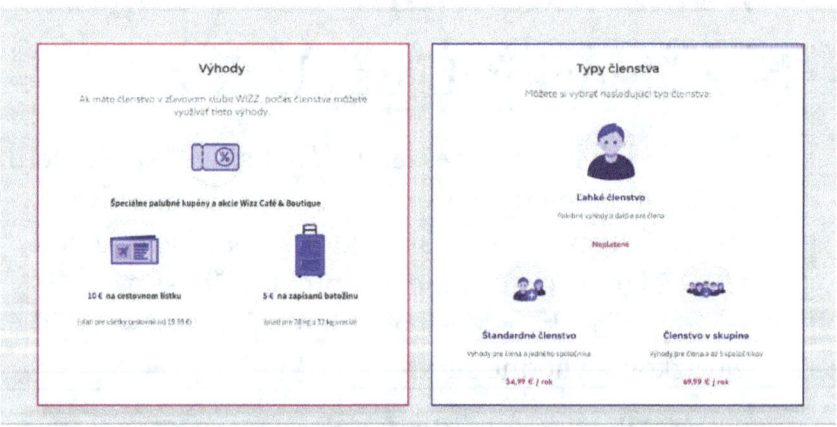

Tak čo, ste pripravený vstúpiť do klubu, kde sa cestuje múdro a s úsmevom?
Lietanie s Wizz Air je výhodné a ušetříš si ešte na ďalšie zážitky.

3.2 Pelikan.sk – Vstupná brána k dobrodružstvu za výborné ceny

Cestovanie nie je len o cieľoch – je to stav mysle. A niekedy ten pocit, že chcete niekam vyraziť, príde skôr, než stihnete skontrolovať stav účtu. Ale pozor – dnes to už vôbec nemusí byť problém. Na Pelikan.sk, slovenskom cestovateľskom portáli s tradíciou od roku 2004, nájdete letenky za ceny, ktoré vás milo prekvapia. Často sú lacnejšie, než by ste čakali – a vďaka šikovným funkciám vám tie najlepšie ponuky už nikdy neuniknú.

Tip pre múdrych cestovateľov:
Zaregistrujte sa, vytvorte si účet a aktivujte si upozornenia na akciové letenky. Viete, čo je na tom najlepšie? Že tieto cenové poklady vám pristávajú priamo do e-mailu – celé tri hodiny skôr, než sa objavia verejne na webe. To je náskok, ktorý môže rozhodnúť o tom, či poletíte za 40 € alebo 140 €.

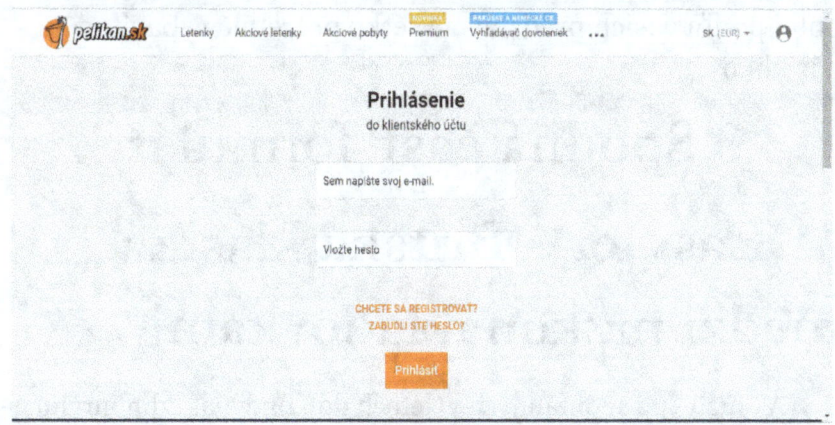

Tip odo mňa: stiahnite si aplikáciu Pelikán do mobilu a buďte vždy pripravení zaobstarať si výhodnú cestu do Paríža, Tokia či na pláže Karibiku.

Čas hrá pri akciách kľúčovú rolu.
Najlepšie ponuky sa vypredajú v priebehu pár hodín. Ak ste si teda vysnívali destináciu, rezervujte rýchlo a bez váhania.Táto informácia platí takmer pre všetky letecké spoločnosti a predajcov leteniek.

- Do európskych miest je ideálne kupovať letenky **4–6 týždňov vopred**.
- Ak snívate o exotike mimo Európy, sledujte ceny aj **pár mesiacov dopredu** – pokojne aj pol roka. Rozdiel v cene môže byť **500 až 1500 eur**, a to už veru stojí za trošku plánovania.

Letenky z **Viedne, Budapešti, Bratislavy, Krakova** a ďalších miest v strednej Európe sa vďaka nízkonákladovým spoločnostiam stávajú ešte dostupnejšie. Z toho dôvodu sa dostanete na svoju vysnívanú cestu, aj keď nežijete priamo pri mori. Keď už máte letenku rezervovanú, nezabudnite si hneď pozrieť aj **ubytovanie** – napr. cez Pelikan si vyklikáte hotel podľa vašich predstáv a všetko potrebné vybavíte na pár klikov.

3.3 Spodná časť formulára

EasyJet – Britská klasika medzi nízkonákladovkami

Ak túžite po spontánnych výletoch do Londýna, Edinburghu či slnečnej Andalúzie, **easyJet** je vaša ideálna vstupenka do sveta

dobrodružstva bez toho, aby ste museli siahat po úsporách.
Táto **nízkonákladová britská nízkonakladová spoločnosť** lieta do viac ako 150 destinácií a ponúka prehľadné ceny, ktoré vás často príjemne prekvapia.

Tip pre chytrých cestovateľov:
✓ Sledujte akcie na oficiálnej stránke easyjet.com
✓ Prihláste sa na newsletter a získate prístup k špeciálnym ponukám
✓ Cestujte iba s príručnou batožinou – šetríte a ste rýchlejší ako ostatní!

Ak milujete efektívnosť, presnosť a letiská ako Londýn Gatwick či Manchester, easyJet je vaša oranžová štartovacia dráha pre cestovanie.

3.4 British Airways – Elegantne a pohodlne po celom svete

Ak si radi si doprajete cestovanie **v štýle "britskej noblesy"** a za rozumnú cenu, potom by ste mali zvážiť letenky s **British Airways**, národnou leteckou spoločnosťou Spojeného kráľovstva s dlhoročnou tradíciou, ktoá je ideálnou voľbaou pre:

✓ Diaľkové lety do Ameriky, Karibiku, Ázie
✓ Pohodlné spojenia z Londýna (najmä z Heathrow)
✓ Cestujúcich, ktorí chcú vyšší štandard bez zbytočných poplatkov

Cestovateľský tip:
Sledujte akcie "**Flight + Hotel**" priamo na stránke britishairways.com, kde často nájdete **zľavnené balíky**, ktoré zahŕňajú aj hotel za výhodnú cenu a ak máte radi vernostné

programy, program **Executive Club** vám umožní zbierať Avios body a lietať ešte výhodnejšie.

Vyhľadávače pre predaj leteniek a ubytovania

1. Google . Letenky nájdete na veľmi rýchlom a prehľadnom nástroji od Google a to (Google Flights) flights.google.com   Zobrazuje ceny z rôznych portálov aj trend cien v čase.
2. Skyscanner skyscanner.net
Výborný portál na na porovnávanie cien od rôznych dopravcov aj cestovných agentúr. Umožňuje hľadať podľa najlacnejších mesiacov.

1. Kayak kayak.com
Veľmi dobrý na kombinácie letov, najmä pri viac destináciách. Ukazuje aj alternatívne letiská.
2. Pelikan.sk pelikan.sk
Ideo slovenský portál s podporou v slovenčine, dozviete sa zaujímavé akcie a spoznáte možnosť kombinovať let + hotel.
3. Kiwi.com kiwi.com
Tento portál je vhodný na hľadanie menej tradičných trás a kombinovaných spojení, často aj s prestupmi rôznych dopravcov.
4. cheapflights.co.uk špecialista na akcie a výhodné ponuky, najmä z Londýna a Manchestru.

Vyhľadávače ubytovania

5. Booking.com booking.com
– Najväčší portál na ubytovanie – od hotelov cez apartmány po penzióny. Možnosť filtrovania podľa hodnotení, ceny a lokality.

6. Airbnb airbnb.com
Ponúka skvelý výber súkromného ubytovania a zážitkov v miestnych domácnostiach. Ideálny portál pre autentický zážitok.

7. Agoda agoda.com
Silný hráč najmä pre Áziu, ale s rastúcou ponukou aj v Európe. Nájdete výhodné ceny a rôzne zľavy.

8. Trivago trivago.com
Porovnáva ceny hotelov z rôznych portálov a odporučí ti, kde je konkrétny hotel najlacnejší.

9. Hotels.com hotels.com
Je portál, ktorý ponúka vernostný program – každú 11. noc zdarma. Často zverejňuje aj výhodné last-minute ponuky.

10. **Expedia.co.uk** expedia.co.uk
Kombinuje letenky + hotel za zvýhodnenú cenu. Vhodné na kompletné balíky (napr. city break).

11. **Lastminute.com UK** lastminute.com
Perfektný pre last-minute víkendové pobyty, luxusné balíky alebo lety + hotel spolu. Má sekciu „Top Secret Hotels" za znížené ceny.

K ďalším známym vyhľadávačom patria:

12. Momondo.com
13. Opodo.com
14. reserving.com

Reserving.com je online rezervačný portál so sídlom v Španielsku, ktorý ponúka:

✓ Hotely, apartmány, penzióny, vily

✓ Dovolenky na mieru (balíčky hotel + vstupy, hotel + wellness atď.)

✓ Výhodné ponuky aj pre rodiny, skupiny alebo romantické pobyty

Prečo ho zvážiť:

- **Platba na splátky bez navýšenia** – ak si rezervujete v dostatočnom predstihu, môžete platiť v niekoľkých menších splátkach
- **Množstvo ponúk v Španielsku, Taliansku, Grécku a po celej Európe**
- **Záruka ceny** – ak nájdeš lacnejšie inde, preplatia rozdiel
- **Skvelý zákaznicky servis aj po anglicky a španielsky**

Použitie pre UK:

✓ Dostupný v angličtine (vrátane ponúk z Londýna, Manchesteru atď.)

✓ Možnosť filtrovať ubytovanie podľa polohy, ceny, typu alebo hodnotenia

✓ Vhodné aj pre **rodiny cestujúce z Veľkej Británie** do letných destinácií

3.5.2. Mám vybranú destináciu

Výborným portálom pre vyhľadávanie leteniek je tiež momondo.com. Momondo je dánsky vyhľadávač leteniek, hotelov a prenájmu áut, ktorý **porovnáva ceny z desiatok rôznych webov**, vrátane leteckých spoločností, cestovných kancelárií a iných porovnávačov.

Výhody:
✓ Veľmi prehľadné a farebné rozhranie
✓ Zobrazuje **najlacnejšiu, najrýchlejšiu a najvýhodnejšiu možnosť**
✓ Graf cien v čase – ľahko vidíš, kedy sú lety najlacnejšie
✓ Filtre podľa ceny, dĺžky letu, letísk, prestupov atď.

✓ Žiadne skryté poplatky – ukazuje konečné ceny
✓ Má aj mobilnú aplikáciu

Nemám vybranú destináciu
Vyberte si svoju cestovateľskú destináciu cez Momondo alebo Skyscanner na základe výhodnej ceny letenky. Ak ešte

váhate, do ktorej lokality či krajiny nasmerovať svoje cestovateľské kroky, a zároveň túžite po najlepšej cene letenky, mám pre vás jednoduchý trik, ako objaviť fascinujúce ponuky, ktoré vám otvoria nové obzory. Cestovanie je predsa o dobrodružstve a objavovaní neznámych miest, a niekedy to najkrajšie dobrodružstvo prichádza práve vtedy, keď sa necháte unášať cenovými ponukami, ktoré vám môžu zmeniť celý pohľad na svet.

    Stačí napr. využiť niektoré vyhľadávače leteniek, ako Momondo či Skyscanner, apod. kde máte možnosť zadať len najlepší dátum, preferencie pre cenovú kategóriu a objavíte destinácie, ktoré sa vmestia do vášho rozpočtu. Možno tak narazíte na miesto, o ktorom ste nikdy nesnívali, no práve tam sa skrýva vaše nové cestovateľské dobrodružstvo.

    Urobte z ceny vstupenku do sveta plného nových zážitkov, ktorý môžete zažiť bez ohľadu na to, či ste už mali destináciu na svojom zozname, alebo ste sa rozhodli len podľa dostupnosti cenovej ponuky. Cestovanie je najkrajšie, keď sa necháte sami prekvapiť miestnou krásou a aj čarovnou kultúrou.

Postup na momondo.com

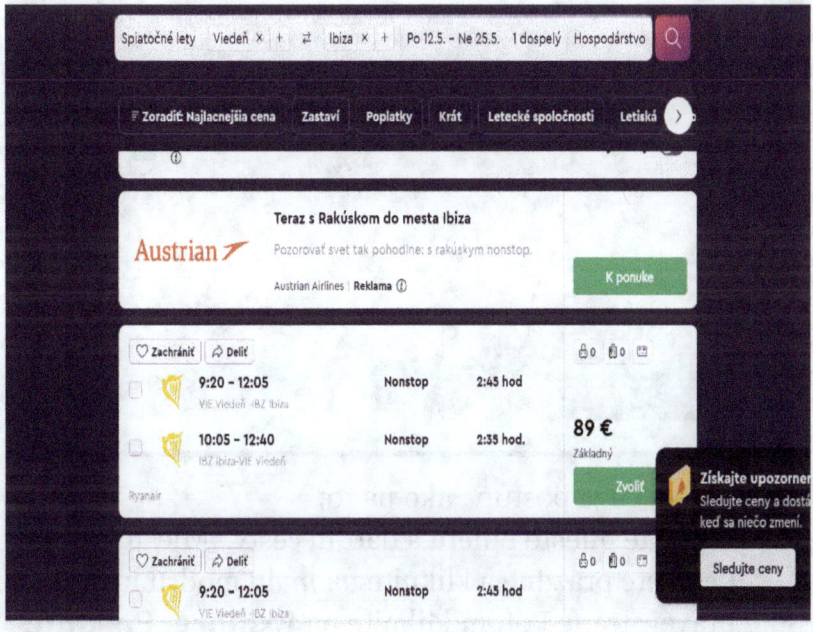

Ak teda ešte nemáte vybranú destináciu tu uvediem jednoduchý spôsob při ktorom **využijete najvýhodnejšiu cenu letenky**, pre nájdenie a navštevu zaujímavých destinácií:

1. **Zadajte miesto odletu a dátum** na vyhľadávači (napr. Momondo alebo Skyscanner).

2. Na vyhľadávačoch ako **Momondo** alebo **Skyscanner** si môžete vybrať letenky do destinácií veľmi jednoducho aj pomocou **interaktívnej mapy**.

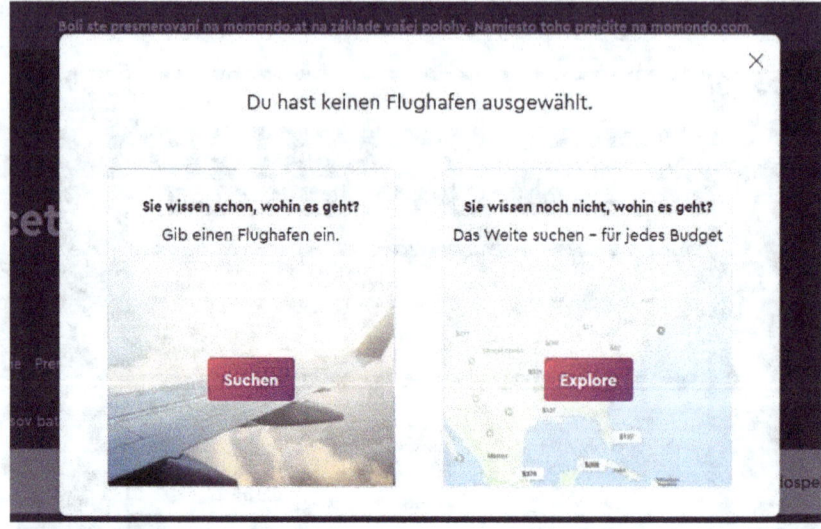

3. Tu je postup , ako na to:

Napíšte miesto odletu a dátum cesty. Miesto príletu nechajte prázdne a kliknite na malu modrú lupu na pravej strane Potom kliknite na **Explore. Posuňte obrazovku** pomocou techniky „držte ľavé tlačidlo myši, ťahajte a pusťte". Takto môžete posunúť celú mapu a presúvať sa k cieľom, ktoré vás zaujímajú.

1. **Ukážte myšou** na miesto na mape, ktorý reprezentuje vámi vybranú destináciu. Vtom momente sa Vám zobrazia **ceny letenky** z letiska, ktoré ste zadali na začiatku, napríklad z **Viedne** do vybraných miest.

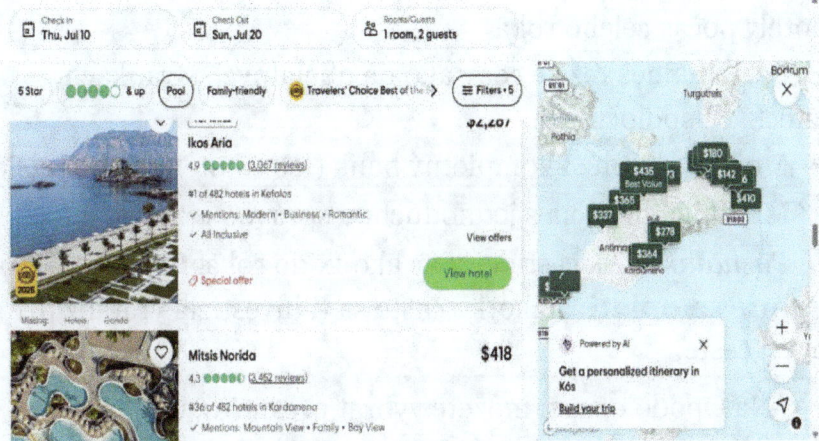

2. krem leteniek môžete zvoliť aj **kombináciu letenky a hotela** alebo využiť ďalšie **akciové ponuky**. vrátane zliav na letenky, hotely a pobyty. Po výbere destinácie stačí **kliknúť na krajinu**, kde sa zobrazia ďalšie špeciálne ponuky a výhodné ceny. Potom už stačí len letenku **rezervovať**.

Aj keď ide o jednoduchý a výhodný spôsob, ako nájsť lacné letenky, je dôležité byť si vedomý, že **reklamácie alebo zmeny** môžu byť na momondo, opodo, skyscanner ťažko uskutečnit, keďže sú sprostredkovatlmi predaja.

Objavujte svet s Opodo.com

Opodo je britský online portál, ktorý ponúka **letenky, hotely, autá a dovolenkové balíky**. Patrí do skupiny eDreams ODIGEO a má silné zastúpenie najmä v Európe. Tento webový portál je ako vstupná brána do sveta nekonečných cestovateľských možností – či už hľadáte letenky, hotely alebo rovno celý pobyt na mieru.

Výhody:

✅ Členstvo **Opodo Prime** – výrazné zľavy na letenky a hotely počas celého roka
✅ Často nájdeš nižšie ceny ako na oficiálnych stránkach leteckých spoločností
✅ Možnosť kúpiť si kompletný balík (let + hotel) výhodnejšie
✅ Mobilná aplikácia s jednoduchou správou rezervácií

💡 *Poznámka:* Ak cestuješ viac ako 1x do roka, **Opodo Prime sa oplatí**, nakoľko často sa ti investícia vráti už pri prvej ceste.

Na Opodo.com si môžete vybrať presne to, čo vám najviac vyhovuje – od samostatnej letenky, cez ubytovanie až po výhodné balíky letenka + hotel. Stačí kliknúť na možnosť Viac v hlavnom menu a pred vami sa rozprestrie svet destinácií, ktorý vás okamžite vtiahne. Jedným kliknutím sa dostanete tam, kde ste si vždy priali byť.

Jednoduché vyhľadávanie s tlačidlom Explore

Keď potvrdíte svoju voľbu, stačí kliknúť na výrazné červené tlačidlo Explore. Práve ono vás nasmeruje na prehľad ponúk cien za osobu v zvolenej destinácii. Všetko prehľadné, rýchle a pripravené na to, aby ste mohli bez dlhého premýšľania vyraziť za zážitkami.

Lákavé ponuky výletov a zážitkov

Kliknite napríklad na Kaliforniu – a pred vami sa otvorí kompletná ponuka aktuálnych cien leteniek, pohodlných hotelov a výletov, ktoré si môžete rezervovať hneď na pár kliknutí. Či už túžite po dobrodružstve v národných parkoch, prechádzkach po plážach alebo rušnom živote veľkomiest, Opodo.com vám pomôže naplánovať cestu, na ktorú budete dlho spomínať.

Lastminute.com

Lastminute.com (alebo **Lastminute.de**) je obľúbený portál pre vyhľadávanie leteniek a ubytovania. Mnohokrát som si cez tento portál objednávala letenky a hotely a vždy som bola milo prekvapená. Okrem výhodných cien portál ponúka aj **bezplatný online check-in**, letenka vám príde priamo do emailu, čo výrazne zjednodušuje proces.

Prečo si zamilujete Lastminute.com

Ak ste ako ja, určite si chcete užiť dovolenku bez stresu – a zároveň ušetriť. Presne preto som objavila Lastminute.com – miesto, kde všetko funguje rýchlo, jednoducho a ešte k tomu výhodne.

Ušetríte viac, než čakáte

Keď si cez Lastminute.com vyberiete balík letenka + hotel, ušetríte poriadny kus peňazí. Balík vás vyjde lacnejšie, ako keby ste si všetko kupovali osobitne. A tie peniaze potom môžete radšej minúť na niečo oveľa príjemnejšie – napríklad na skvelú večeru s výhľadom na more.

Máte pri sebe šikovného pomocníka

Lastminute.com za vás vyhľadá tie najlepšie kombinácie letov a hotelov. Sleduje ceny, dĺžku letu aj časy odletu, aby ste z dovolenky vyťažili maximum. A pri hoteloch sa spolieha na recenzie ľudí, ktorí tam už boli – presne tak, ako by som to urobila aj ja.

Rezervácia, ktorá trvá len chvíľočku

Namiesto hodín strávených na internete vybavíte všetko za pár sekúnd. Pár kliknutí a máte hotovo. Bez stresu, bez zbytočného váhania.

Dovolenka podľa vašich predstáv

Chcete letieť s konkrétnou spoločnosťou, a bývať v krásnej vile alebo modernom apartmáne? Na Lastminute.com si svoj balík doladíte presne tak, ako to cítite – ponúkajú vyše 400 leteckých spoločností a milióny možností ubytovania po celom svete.

Vyhľadávanie, ktoré vás naozaj počúva

Aj keď máte konkrétne predstavy (napríklad hotel len pár krokov od pláže alebo ranný let, aby ste využili celý deň), Lastminute.com vám to uľahčí. Stačí pár filtrov – a nájdete presne to, čo hľadáte.

Možnosť rezervácie s malým vkladom

Ak máte už vopred jasno, kam plánujete cestovať v letných mesiacoch alebo na Vianoce, využite možnosť **Flight + Hotel**. Tento balík vám umožňuje rezervovať dovolenku s **malou zálohou**, pričom zvyšok môžete zaplatiť neskôr v **malých splátkach**, alebo dokonca tesne pred odchodom, bez **skrytých nákladov** alebo **úrokov**.

Výhody tejto možnosti:

- **Flexibilita v platbe**: Záloha je nízka a umožňuje vám rozložiť platby na menšie čiastky, čo uľahčuje finančné plánovanie.
- **Bez skrytých nákladov**: Ceny sú transparentné a nebudete musieť platiť žiadne skryté poplatky či úroky.

Väčšia ochrana pri rezervácii

Pri rezervácii balíka **letenka + hotel** získate väčšiu **ochranu** v prípade nečakaných zmien. Tento balík je chránený podľa **smernice č. 2302 z roku 2015**, čo znamená:

- **Zabezpečenie ochrany**: Ak by poskytovateľ služieb zrušil váš let alebo hotel, budete mať nárok na **alternatívne riešenie** alebo možnosť žiadať o **vrátenie investovanej sumy**. Týmto spôsobom máte väčšiu istotu, že vaša dovolenka bude bez problémov aj v prípade nepredvídaných okolností.

Možnosti vyhľadávania na Lastminute.com

1. Vyhľadávanie leteniek

- Pri vyhľadávaní leteniek máte **možnosť vybrať rôzne kritériá**:
  - **Najlepšia cena**: Ak je vaším cieľom nájsť najlacnejšiu letenku.
  - **Najrýchlejší let**: Ak preferujete najrýchlejší let, bez ohľadu na cenu.

- **Najlacnejšia cena**: Môžete sa rozhodnúť pre najnižšiu cenu bez ohľadu na dĺžku cesty.

2. **Ceny hotelov na mape**

- **Mapa s cenami hotelov** je veľmi užitočná, pretože ak kliknete na cenu na mape, zobrazí sa vám konkrétny hotel, ktorý zodpovedá vybranej cenovej ponuke. To vám umožní rýchlo vidieť možnosti v konkrétnych oblastiach, a nájsť najlepšie ponuky v rámci vašich požiadaviek.

3. **Vyhľadávanie dovolenky podľa kritérií**

- **Miesto**: Zadajte miesto, ako napríklad konkrétne **more, mesto alebo krajinu**, do ktorej chcete ísť.

- **Viac dátumov**: Môžete si zadať **počet nocí** a potom zvoliť možnosť "Akýkoľvek dátum". Takto si môžete vybrať flexibilné dátumy a porovnať ponuky počas viacerých mesiacov.

- **Kamkoľvek**: Ak máte flexibilitu a ste otvorení novým destináciám, vyberte si preferované dovolenkové obdobie a **porovnajte najlepšie ponuky** na svete. Tento spôsob vám pomôže nájsť zaujímavé miesta a ponuky podľa vašich časových možností.

Tento prístup vám umožňuje získať výhodné ponuky podľa rôznych preferencií a zároveň zaručuje flexibilitu pri plánovaní dovolenky.

Možnosti vyhľadávania na kiwi.com

Portál **Kiwi** ponúka skutočne flexibilné možnosti pri hľadaní leteniek, najmä keď máte časovú flexibilitu a ste ochotní prijať dlhšie prestupy alebo čakanie medzi letmi. Tu sú niektoré kľúčové výhody a možnosti, ktoré vám Kiwi poskytuje:

Výhody portálu Kiwi

1. **Lacné letenky na dlhšie cesty**: Kiwi je schopné vyhľadať veľmi výhodné ceny leteniek, aj keď máte viac prestupov. To môže byť ideálne, ak vám nevadí trochu dlhší čas na letisku a chcete ušetriť.

2. **Flexibilita dátumov**: Ak necháte voľné dátumy, Kiwi vám poskytne **ceny leteniek** pre rôzne dni. To je veľmi užitočné, ak chcete nájsť najlacnejšiu možnosť pre niekoľko dní v danom období.

3. **Tabuľka cien**: Po zadaní odletového a príletového miesta môžete zapnúť **tabuľku cien**, ktorá vám ukáže rôzne ceny leteniek na konkrétne dni. To je skvelé, ak máte flexibilitu, kedy chcete letieť, a chcete nájsť najlepšiu cenu.

4. **Cena hotelov na mape**: Ak plánujete aj ubytovanie, **mapa s cenami hotelov** je veľmi praktická. Stačí kliknúť na cenu a zobrazí sa vám hotel s cenovou ponukou, čo vám umožní vidieť nielen letenky, ale aj ceny ubytovania v danej oblasti.

5. **Vyhľadávanie leteniek**: Kiwi vám umožňuje vybrať si medzi:

Najlepšou cenou: Ak vám ide primárne o cenu a ste flexibilní.

Najlacnejšou cenou: Pre tých, ktorí chcú minimalizovať náklady na letenky.

Najrýchlejšou cestou: Ak preferujete pohodlie a rýchlosť bez ohľadu na cenu.

Ktorú možnosť zvoliť?

Ak máte **flexibilitu v dátumoch a preferujete cenu**, voľba najlacnejšej letenky alebo najlepšej ceny môže byť pre vás najvýhodnejšia.

Ak vám ide o **rýchlosť a pohodlie** (a nevadí vám vyššia cena), zvoľte možnosť najrýchlejšieho letu.

V závislosti od toho, čo je pre vás prioritou, môžete vybrať tú, ktorá vám najviac vyhovuje!

Výhody vyhľadávania leteniek cez Google

Ako jednoducho nájsť najvýhodnejšie letenky ?
Ak skúsite vyhľadavať cez Google dozviete sa nielen **okamžité ceny leteniek**, ale **aj ceny v najbližších termínoch.**
Ak máte chuť vyraziť na cestu a chcete si rýchlo a prehľadne zmapovať, čo aké letenky sa vám v oblasti leteckáho sveta ponúka, vyhľadávanie leteniek cez Google je skutočne skvelá voľba. Je to jednoduchý spôsob, ako mať všetky možnosti na dosah ruky – bez dlhého prehľadávania desiatok stránok.

Rýchly prehľad cien na jednom mieste
Google vám v elegantnom sĺpcovom grafe zobrazí ceny od rôznych leteckých spoločností. Stačí jediný pohľad a hneď budete vidieť, ktorá ponuka je pre vás najvýhodnejšia.

Jednoduché porovnanie vám umožní vybrať si letenku, ktorá poteší nielen vaše cestovateľské srdce, ale ponúkne aj nižšie náklady.

Vyhľadávanie, ktoré nezaberie viac než pár minút

Při vyhľadavaní cez Google je všetko jednoduché . Do vyhľadávača zadáte len tri údaje: miesto odletu, miesto príletu a dátum. Google vám okamžite načíta zoznam dostupných letov a vy tak ušetríte dlhé hodiny hľadania a porovnávania.

Letenku si rezervujete okamžite

Keď vás nejaká ponuka zaujme, stačí kliknúť – a Google vás presmeruje priamo na stránku leteckej spoločnosti alebo cestovnej agentúry. Letenka bude vaša za pár minút, bez zbytočných sprostredkovateľov a zložitých procesov.

Šikovný graf vám ukáže najlepšie dni na cestovanie

Ďalšou skvelou pomôckou je zobrazenie grafu cien podľa dátumov. Vďaka nemu si môžete ľahko vybrať deň, kedy sú letenky najlacnejšie. Možno práve malá zmena dňa a dátumu, vám prinesie veľkú úsporu.

Malá rada na záver

Ak chcete získať najlepšie ceny leteniek, sledujte ponuky ideálne 4 až 6 týždňov pred plánovaným odletom. Čím bližšie k odletu, tým bývajú ceny spravidla vyššie. A nezabudnite si pre istotu skontrolovať aj weby nízkonákladových spoločností, ako sú Ryanair či Wizzair – občas sa tam ukrývajú skutočné poklady.

Google vám tak ponúka rýchly, prehľadný a veľmi efektívny spôsob, ako si zabezpečiť tú správnu letenku – presne podľa vašich predstáv.

Skyscanner.net -Váš ďalší šikovný spoločník na cesty

Ak radi cestujete a chcete při cestovaní ušetriť, rozhodne by nemal chýbať vo vašej výbave Skyscanner.net. Tento vyhľadávač si získal srdcia miliónov cestovateľov na celom svete – a niet sa čomu čudovať. Pomáha totiž rýchlo a jednoducho porovnať ceny leteniek, hotelov aj prenájmu áut na jednom mieste. Čo všetko vám Skyscanner ponúka a prečo si Skyscanner zamilujete?

1. Všetky ceny na jednom mieste

Skyscanner **prehľadáva stovky leteckých spoločností, hotelov a autopožičovní** a ponúka vám tie najvýhodnejšie možnosti. Vy tak nemusíte strácať hodiny klikaním na desiatky stránok – všetko máte pekne pohromade.

2. Upozornenia na zmenu cien

Ak sa vám nejaká ponuka zapáči, ale ešte sa neviete rozhodnúť, nastavte si upozornenie. Skyscanner vám pošle e-mail hneď, ako sa cena zmení. Takto budete mať istotu, že nepremeškáte tú najlepšiu možnú chvíľu na kúpu.

3. Flexibilné vyhľadávanie

Neviete ešte presný dátum odletu? Nevadí! Skyscanner vám ukáže ceny na celý mesiac alebo rovno na celý rok. Stačí si vybrať, kedy vás letenka vyjde najlacnejšie.

4. Objavovanie nových miest

Ak túžite po dobrodružstve a nechcete byť viazaní na jednu destináciu, skúste funkciu „Všade". Zadajte miesto odletu a Skyscanner vám ukáže najlacnejšie destinácie po celom svete. Možno vás tak čaká cesta na miesto, o ktorom ste ani nesnívali!

5. Praktická mobilná aplikácia

Či už sedíte v kaviarni alebo čakáte na autobus, so

Skyscanner aplikáciou môžete vyhľadávať letenky, hotely aj autá kedykoľvek a kdekoľvek na celom svete.

Tu vám uvediem ako Skyscanner používať pre jednotlivé účely

- **Vyhľadávanie leteniek:** Stačí ak zadate miesto odletu, príletu a dátum – alebo využiť možnosť „Najlacnejší mesiac" a nájsť ten najvýhodnejší termín.
- **Upozornenia na ceny:** Môžte sledovať svoje vybrané a obľúbené lety a nechať si posielať upozornenia pri každej zmene ceny.
- **Objavovanie nových miest:** Ak ste otvorení rôznym možnostiam, funkcia „Everywhere" vám ukáže tie najlákavejšie destinácie za super ceny.

Tipy, ako využiť Skyscanner naplno

Ak plánujete dovolenku a chcete ušetriť čas aj peniaze, Skyscanner vám v tom výborne pomôže. Stačí vedieť postup ako na to!

1. Nájdite najlacnejší deň na odlet
Nevybrali ste si ešte presný dátum, kedy chcete letieť? Nebude to problém.
Na Skyscanneri si pri výbere dátumu kliknite na možnosť „Celý mesiac". Vtedy uvidíte prehľad všetkých dní v mesiaci a hneď sa dozviete, ktoré dni sú najlacnejšie. Stačí si vybrať a môžete letieť za zlomok ceny!

2. Sledujte zmeny cien leteniek
Ak ste si už vybrali destináciu aj dátum, ale ešte váhate s rezerváciou, nastavte si upozornenie na cenu. Skyscanner vám pošle e-mail vždy, keď sa cena zmení, či už pôjde hore

alebo dole. Tak si počkáte na tú najlepšiu ponuku a kúpiť letenku presne v pravý čas.

3. Nájdite hotel za najlepšiu cenu

Skyscanner nie je len o letenkách! Porovnáva aj ceny hotelov od veľkých hráčov ako Booking.com, Hotels.com alebo Expedia.

Pomocou filtrov si viete jednoducho nastaviť, aké hodnotenie chcete, akú cenu si predstavujete a ako ďaleko má byť hotel od centra. Potom už len vyberiete ubytovanie presne podľa svojich predstáv.

4. Sledujte aj ceny hotelov

Podobne ako pri letenkách, **aj pri hoteloch si môžete zapnúť upozornenie na cenu v Skyscanner.** Ak ubytovanie zlacnie alebo zdražie, Skyscanner vás na to upozorní e-mailom. Vďaka tomu si zabezpečíte skvelé miesto na ubytovanie za výbornú cenu. Skyscanner je teda komplexný nástroj, ktorý vám môže ušetriť čas a peniaze pri plánovaní ciest.

4. Ubytovanie – Rezervácia ubytovania, ktorá vás poteší!

Ako ušetriť pri rezervácii hotelov, malé tajomstvá při velkých cestách.

Cestovanie je ako kúzelný tanec – raz je to odvážny krok do neznáma, inokedy jemné krúženie okolo detailov, ktoré robia dovolenku nezabudnuteľnou. A práve pri rezervovaní hotela sa dá urobiť veľa múdrych rozhodnutí, ktoré vám ušetria peniaze a zároveň spríjemnia celý pobyt.

1. **Myslite dopredu a ak viete, kedy a kam chcete cestovať, rezervujte si ubytovanie čo najskôr.** Skoré rezervácie často prinášajú najnižšie ceny a širší výber.
Ale pozor, ak máte dobrodružnú povahu a chuť riskovať, last minute ponuky vás niekedy dokážu prekvapiť neuveriteľnými zľavami.

2. **Porovnávajte, porovnávajte, porovnávajte na vsetkych dostupných rezervačných portaloch.** Napr.

Booking.com, Agoda, Hotels.com, Trip.com... a podobne. Každý portál má svoje vlastné ceny, ponuky a výhody. Niekedy sa oplatí pozrieť aj priamo na stránku hotela, na ktorej bývajú špeciálne akcie, alebo lepšie podmienky pri zrušení rezervácie.

    3. Buďte flexibilní Ak máte možnosť mierne prispôsobiť dátumy alebo si vybrať menej rušné obdobie, vaše úspory Vám poďakujú. Mimo hlavnej sezóny sú totiž hotely často o polovicu lacnejšie a naviac si užijete viac pokoja, slnka aj miestnych chutí bez davov turistov.

    4. **Využívajte vernostné programy a cashback**. Mnohé portály ponúkajú zľavy pre stálych zákazníkov alebo cashback programy, kde vám časť peňazí vrátia späť na účet. Malé šetrenie tu a tam sa neskôr môže premeniť na ďalšie cestovateľské zážitky.

    5. Oplatí sa vám tiež **sledovať špeciálne ponuky a kódy, nakoľko niektoré hotely a rezervačné portály zverejňujú zľavové kódy, ktoré vám môžu priniesť extra výhody** – zľavu z ceny, raňajky zdarma alebo bezplatný upgrade izby. Stačí sa prihlásiť na odber noviniek alebo sledovať ich na sociálnych sieťach.

    6. **Premyslite si, čo skutočne potrebujete**. Niekedy je lacnejšie rezervovať si hotel bez raňajok a vychutnať si rannú kávu a croissant v útulnej miestnej kaviarničke. Alebo si vybrať hotel o pár ulíc ďalej od centra a vymenit drahšiu platbu za pokoj, autenticitu a lepšiu cenu.

Ak ste si už vybrali destináciu do ktorej vycestujete, máte kúpené alebo rezervované letenky, je načase poobzerať sa za ubytovaním.

  Najznamejšie portály pre rezerváciu ubytovania sú :

Booking.com

Agoda.com

Hotels.com

Reserving.com

Stayforlong.com

My lastminute.com,

My Lastminute.de

Hotels.com

Zen hotels.com a ďalsie

Niektoré portály boli už spomínané pri letenkach nakoľko poskytujú rezerváciu aj leteniek, rezerváciu ubytovania, prenajom taxíkov, aut apod.

Ubytovanie dnes nehľadáš naslepo – máš po ruke šikovné internetové portály aj porovnávacie stránky, ktoré ti ukážu **rôzne ceny za tú istú izbu v rovnakom hoteli**. A verte mi, tie rozdiely môžu byť prekvapivo veľké.

Včasná rezervácia je ako tajný kľúč k bezstarostnej dovolenke – najmä ak cestuješ počas sezóny do obľúbenej destinácie a vďaka nej si môžeš vybrať z tých najkrajších hotelov, butikových apartmánov či romantických penziónov presne podľa svojho štýlu a predstáv.

Často narazíš na lepšie ceny, darčekové služby alebo výhodné podmienky, ktoré by ti neskôr možno ušli. Takto bude tvoja cesta od začiatku príjemná – pretože budeš vedieť, že **na konci dňa ťa čaká útulné miesto, kde si oddýchneš a načerpáš nové sily**.

Booking.com

Známym portálom pre rezerváciu ubytovania, je portál Booking.com. Je vhodné sa prihlásiť, vytvoriť si účet, a objednávať priamo cez tento portál, aby sa vám napočítavala zľava. Pravidelným rezervovaním ubytovaní cez Booking získate zľavu 5, 10 až 15 , až 20% z ceny ubytovania, ktorá vám zostane už navždy a naviac stanete sa členom programu Genius, kde bývajú zľavy v desiatkach eur. Pred samotnou rezerváciou sa však nezabudnite pozrieť na hotel aj cez Google Maps – nikdy nie je na škodu overiť si, či je všetko v poriadku, nakoľko sa dozviete či v okolí neprebieha napr. výstavba, alebo stavebný ruch, čím by mohol byť narušený váš kľud a relax na dovolenke. ….

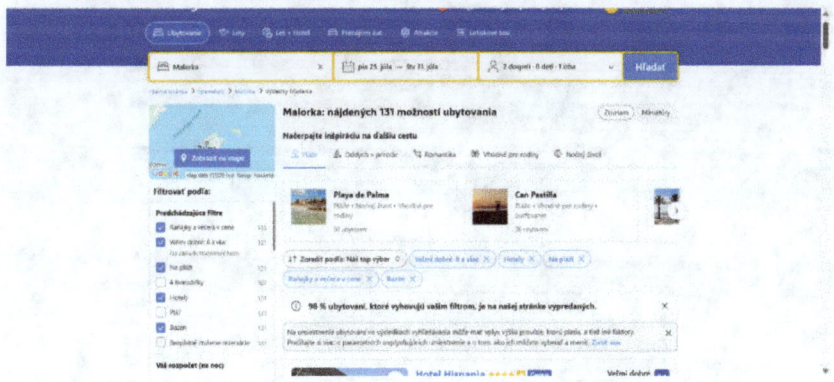

Na rezerváciu ubytovania v Booking.com môžete použiť rôzne filtre, pomocou ktorých si viete vybrať typ stravy napr.

Bez stravy, iba raňajky, polpenzia, plná penzia, all inkluziv, a rôzne typy ubytovania t.j. hotel, apartmán, hostel, prázdninovú vilu, ďalej ubytovanie predospelých, rodiny s dětmi, hotely s fitnes, wellnes a spa, požičovňou bicyklov, a pod.

Dôležitým prvkom je pozrieť si recenzie hostí a ich hodnotenie v súvislosti s hotelovými službami, úrovňou stravy a ubytovania, vzdialenosťou ubytovania od pláže, chovaním sa personálu, čistotou, vzdialenosť ubytovania od centra, napr. mora apod. atď. Tieto hodnotenia vám prezradia, čo si ostatní hostia a cestovatelia myslia o hoteli, kvalite stravy, čistote, pohodlí, ktoré v ubytovacím zariadení zažili. Takto si môžete byť istí, že vaše ubytovanie bude skutočne stáť za to!

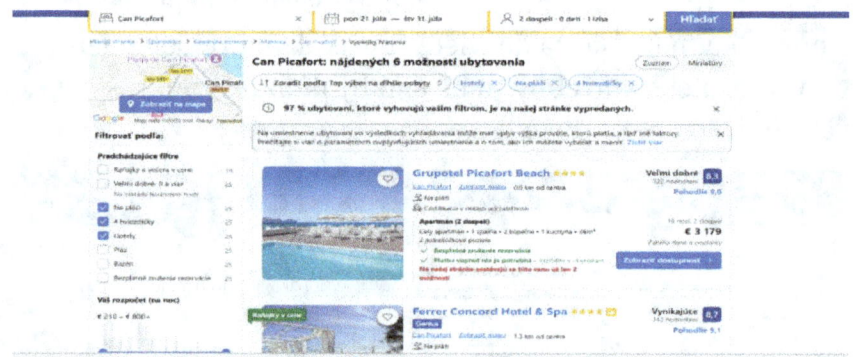

Vyberte si pobyt podľa svojich predstáv

Neokúňajte sa zažiť dovolenku presne tak, ako si ju predstavujete. Vyberte si miesto, ktoré bude pre vás tým pravým rajom, a zarezervujte si pobyt, ktorý vás naplno uspokojí – nech už ide o luxusný hotel alebo útulný apartmán. Tieto skvelé možnosti vás čakajú na každom kroku.

5. Porovnávame Ceny Ubytovania

5.1 Tripadvisor.com – Porovnávač, ktorý vám uľahčí cestovanie

Tripadvisor.com je vyhľadávací a porovnávací portál pre letenky, a tiež pre ubytovanie. Tripadvisor spolupracuje s poskytovaťeľmi leteniek ako napr. Go to gate, My trip, eDreams, Kiwi, Opodo, Ryanair, Vaymaya, Lastminute, Bravofly, Gate1, Kupi, atď.

Niektoré odkazy vás priamo privedú na stránky leteckých spoločností ako **Ryanair**, a občas môžete naraziť na nižšie ceny leteniek cez portály ako napr. **Go to Gate**.

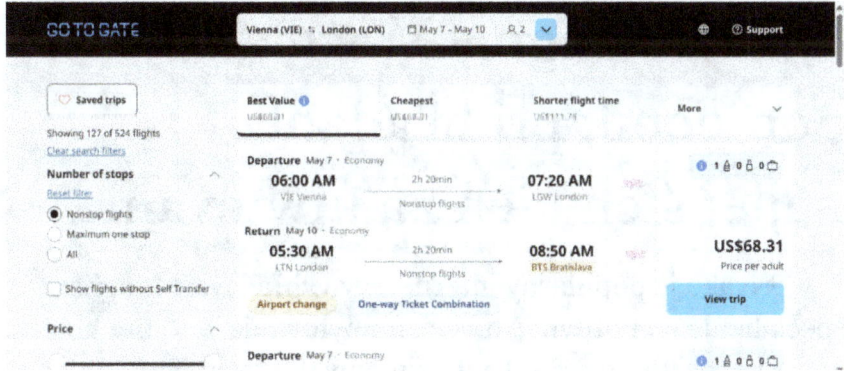

Ubytovanie cez Tripadvisor – Šikovný porovnávač 🛏

Keď príde na hľadanie skvelého ubytovania, Tripadvisor je vaším spojencom. Spolupracuje so známymi platformami ako **Booking**, **Hotels.com**, **Expedia**, **Agoda** a mnohými ďalšími, a **porovnáva ceny pre rovnaké hotely od rôznych predajcov**. To znamená, že si môžete rýchlo porovnať, ktorý predajca ponúka najlepšiu cenu za rovnaké ubytovanie a vybrať si tu najlepšiu ponuku.

Napríklad, ak si pozriete **3BQ Augusta Hotel**, môže byť cena cez **Booking** 171 EUR a cez **Stayforlong** len 154 EUR. Stačí kliknúť na najnižšiu cenu a budete presmerovaní na stránku predajcu, a ubytovanie pohodlne rezervovať. Takto ušetríte čas i peniaze pri hľadaní ideálneho miesta na pobyt.

Tip: Ak chcete naozaj najlepšie ceny, využívajte **Tripadvisor** na porovnávanie ponúk a vyberte si tú, ktorá vám najlepšie vyhovuje.

5.2 Trivago – Váš ďalší pomocník pri hľadaní najlepších cien za ubytovanie

Trivago je populárny internetový vyhľadávač, ktorý sa špecializuje na porovnávanie cien ubytovania, a to pre hotely, hostely, apartmány, B&B a ďalšie typy ubytovania. Ak plánujete cestu a hľadáte ideálne miesto na pobyt, Trivago vám poskytne všetky potrebné informácie na jednom mieste.

Ako to funguje?

Trivago porovnáva ceny u viac ako **700 000 hotelov** na viac ako **200 rezervačných stránkach**, ako sú **Booking.com**, **Expedia**, **Priceline** a ďalšie. To znamená, že sa vám zobrazí široká ponuka možností ubytovania zo všetkých dostupných stránok.

Prečo používať Trivago?

- **Široká ponuka:** Nezáleží na tom, či hľadáte luxusný hotel, cenovo dostupný hostel alebo apartmán – Trivago vám ukáže všetky možnosti v rôznych cenových kategóriách.
- **Úspora času:** Nemusíte prechádzať stovky rôznych stránok, Trivago to za vás urobí. Ušetríte čas a nájdete najlepšie ponuky.
- **Prehľadnosť:** Stránka je užívateľsky prívetivá, čo vám umožní jednoducho porovnať ceny a rozhodnúť sa, kde si rezervovať pobyt.

Tip: Ak plánujete svoju ďalšiu dovolenku alebo služobnú cestu, nezabudnite využiť Trivago. Tento portál vám pomôže nájsť ubytovanie, ktoré bude nielen pohodlné, ale aj cenovo výhodné!

Ubytovanie cez Tripadvisor – Získajte najlepšiu cenu za váš pobyt

Tripadvisor – je Váš ďalší možný spoľahlivý pomocník pri výbere ubytovania
Tripadvisor je výborný porovnávací portál, ktorý spolupracuje s rôznymi renomovanými spoločnosťami ako **Booking.com, Trip.com, Hotels.com, Hyatt.com, Expedia.com, Agoda.com, Stayforlong.com, ZenHotels.com, Intercontinental.com** a mnohými ďalšími, a to v **množstve krajín** po celom svete.

Prečo využiť Tripadvisor?

1. **Porovnanie cien:** Tripadvisor porovnáva ceny ubytovania na **osobu/za noc** z viacerých rezervačných stránok, takže vám ponúkne najlepšie a najvýhodnejšie možnosti pre váš pobyt.

2. **Ceny za rovnaké ubytovanie:** Napríklad, ak si vyberiete hotel „**3BQ Augusta Hotel**", na **Booking.com** môže stáť **171 eur**, zatiaľ čo na **Stayforlong.com** sa cena pohybuje iba **154 eur**. Takto môžete jednoducho porovnať a rozhodnúť sa pre tú najvýhodnejšiu ponuku.

3. **Rýchle a pohodlné rozhodovanie:** Stačí kliknúť na najnižšiu cenu a budete presmerovaní na stránku predajcu, kde si môžete jednoducho dokončiť rezerváciu. Je to rýchly a efektívny spôsob, ako získať najlepšiu ponuku na trhu.

Výhoda Tripadvisoru:

Tripadvisor je ideálny nástroj, pomocou ktorého môžete ušetriť čas a tiež financie pri hľadaní ubytovania. Portál porovnáva ceny rôznych

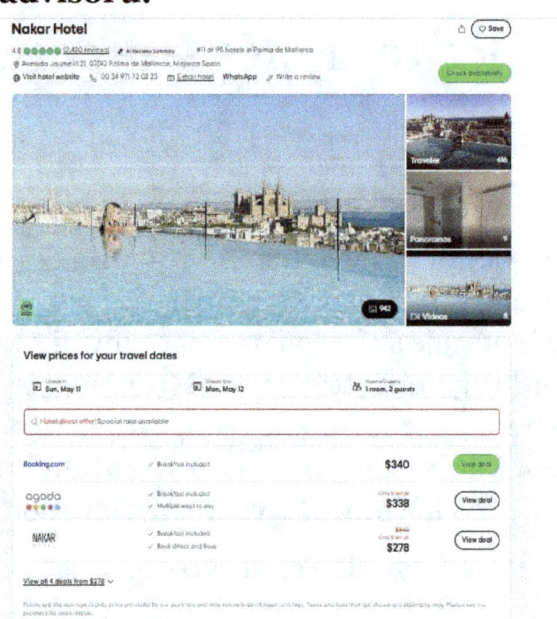

poskytovateľov a predajcov . Môže sa vám stať, že narazíte na rôzne ceny izieb toho istého hotela. Tripadvisor vám umožní zistiť, na ktorom portali je najvýhodnejšia cena za rovnakú izbu v danom hoteli, a

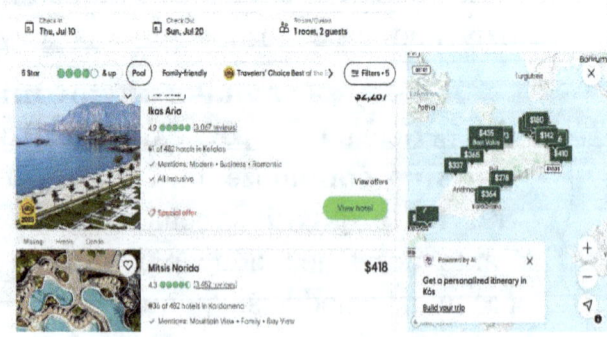

umožní vám urobiť múdre rozhodnutie pri rezervácii. Odporúčam teda využiť **Tripadvisor**.

Výhody Booking.com a Tripadvisor pri rezervácii ubytovania a leteniek

Program Génius na Booking.com

Na Booking.com môžete získať špeciálne výhody cez vernostný program **Génius**, ktorý vám poskytuje **zľavy na ubytovanie** a prístup k rôznym exkluzívnym ponukám. Stačí sa prihlásiť a pravidelnými rezerváciami si môžete užívať výhodné zľavy, ktoré sa vám budú zrátavať pri každom ďalšom pobyte. Čím viac rezervácií spravíte, tým väčšie zľavy môžete získať – a to sa rozhodne oplatí.

Tripadvisor – porovnajte ceny za noc

Na **Tripadvisor.com** si môžete rýchlo porovnať ceny toho istého hotela od rôznych predajcov. Zadaním filtra s konkrétnymi podmienkami, ako sú **dátumy, počet nocí, typ ubytovania**, a pod., sa vám zobrazí výber najlepších ponúk. Na základe porovnania cien si vyberiete tú najvýhodnejšiu ponuku, ktorá vám bude vyhovovať. Potom stačí kliknúť na najnižšiu cenu a rezervácia je hotová.

Recenzie – kľúč k správnemu výberu hotela

Pri výbere hotela sú **recenzie** predchádzajúcich hostí veľmi dôležité. Osobne uprednostňujem ubytovanie v destináciách do hotelov s hodnotením veľmi dobré t.j. 8 a viac. Na základe recenzií a skúseností cestovateľov a hosti sa dozviete, čo môžete v hoteli očakávať – či už ide o pozitívne alebo negatívne stránky. Hotel s hodnotením **8 a viac** je väčšinou veľmi dobrou voľbou. Prečítajte si vopred čo najviac recenzií, aby ste sa uistili, že váš výber je ten správny.

Google Maps a Google Earth – Otestujte si hotel a jeho okolie

Pre ešte väčšie informácie si prezrite hotel a jeho okolie cez **Google Maps** alebo **Google Earth**. Tieto nástroje vám ukážu, či hotel skutočne existuje, ako vyzerá okolie a pláž. Môžete si skontrolovať, či je hotel dobre dostupný, či nie je v okolí stavebný ruch alebo neporiadok. Tieto informácie vám pomôžu urobiť informované rozhodnutie o vašom pobyte.

6. Výber Transferu Z Letiska Do Hotela A Späť

Google je veľký pomocník. Stačí do vyhľadávača zadať správne kľúčové otázky, a riešenie sa pred vami zázračne ukáže. Niekedy je vhodné kľúčové slová pozmeniť, a iné kľúčové slová robot na webovej stránke už nájde. Uvediem vám príklad ako si vyhľadáte transfer.
Do Googla si zadáte kľúčové slová napr.:" Ako si vyhľadať transfer **bus z letiska Dalamann do.**

Oludeniz" . Google zobrazil viacero stránok s rôznymi možnosťami transferu.

Načítalo sa viac stránok, a na nich sa našlo viac odporúčaní. Prejdite si ponúknuté možnosti a vyberte si tú, ktorá vám najviac vyhovuje. U mňa v Oludeníz to boli tieto možnosti:

Zobrazujú sa výsledky pre: Ako si vyhľadať bus z letiska *Dalaman* do Oludeníz
Namiesto toho hľadať: Ako si vyhľadať bus z letiska Dalamann do Oludeníz

 Rome2Rio
https://www.rome2rio.com › Dalaman › Ölüdeniz

Dalaman na trase Ölüdeniz → Autobus, Auto, Taxi
Najlepší spôsob, ako sa dostať z miesta Dalaman do miesta Ölüdeniz bez auta je autobus, čo trvá 49 min a stojí 250 ₺ - 350 ₺. ... Ako dlho trvá cesta na trase ...

 Rome2Rio
https://www.rome2rio.com › Ölüdeniz › Dalaman

Ölüdeniz na trase Dalaman → Autobus, Auto, Taxi
Najrýchlejší spôsob, ako sa dostať z miesta Ölüdeniz do miesta Dalaman je autobus, čo stojí 250 ₺ - 350 ₺ a trvá 48 min. ... Aká je vzdialenosť na trase Ölüdeniz ...

 TravelFan.sk
https://travelfan.sk › turecky-dalaman-co-tu-vidiet-a-zazit

Turecký Dalamán: Čo tu vidieť a zažiť?
20. 4. 2022 — Turecký Dalamán: Čo vidieť a zažiť v tomto nádhernom regióne? √Ako sa dostať z letiska a kam vyraziť na výlet? ? Prečítajte si moje tipy :)

1. Hotel mi ponúkol transfer z letiska do hotela a späť za 120 eur
2. Ďalšia možnosť bola ísť Schuttelbusom z letiska do hotela za podobnú cenu
3. Isť mestským autobusom do Fethyie, a potom taxíkom do Oludeníz
4. Ísť taxíkom z letiska Dalamann do Oludeníz
5. Posledná možnosť ktorú som na internete vyhľadala bolo ísť Otokarom do

Fethyie, a potom mikrobusom z Fethyie do Oludeníz.

Vybrala som si poslednú 5. možnosť, a celá cesta ma stála 3,73 eur. Týmto

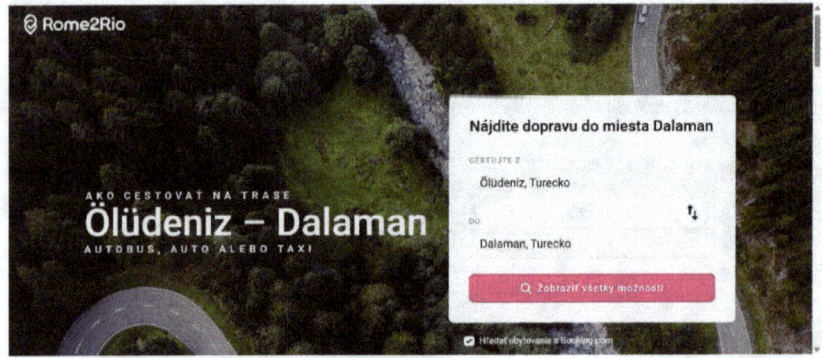

spôsobom si viete vyhľadať pomocou kľúčových slov akýkoľvek transfer.

Tip: Na základe ceny a pohodlia si vyberte transfer, ktorý vám najviac vyhovuje. Cestovala som mestkým autobusom, a ušetrila značnú sumu. Tento spôsob vyhľadávania je univerzálny a môžete ho použiť na nájdenie transferu z letiska kdekoľvek na svete. Stačí si pozrieť na rôzne možnosti a vybrať tú najvhodnejšiu , či najvýhodnejšiu pre vás.

7. Trip.Com - Vyhľadávač Výletov A Atrakcií V Okolí

Ak chcete počas cestovania a dovolenky **objaviť tie najzaujímavejšie miesta v svojom okolí** – od známych pamiatok až po menej známe, no čarovné miesta – portál **Trip.com** ti s tým výborne pomôže. Stačí zadať názov destinácie (napr. "Barcelona" alebo "Ölüdeniz") a Trip.com ti ponúkne:

- najobľúbenejšie atrakcie v okolí,
- hodnotenia od iných cestovateľov,
- tipy na výlety, vstupy, výhodné balíčky,
- aj menej známe lokálne zážitky, ktoré by si inak možno prehliadol.

Je to **praktický pomocník pre plánovanie** – či už chceš navštíviť historické pamiatky, prírodné krásy alebo zábavné miesta pre rodinu. Navyše často umožňuje **rezervovať si vstupenky vopred**, čo ušetrí čas aj stres. Kliknite na „atrakcie a výlety" v menu vpravo hore, alebo vlavo v menu, a Trip.com vám ukáže zlavnené vstupenky na atrakcie v okolí. **Tip**: Skvelé je použiť Trip.com už **po**

príchode do destinácie – zobrazí ti aktuálne dostupné atrakcie **podľa tvojej polohy** aj so zľavami, ktoré sú práve dostupné.

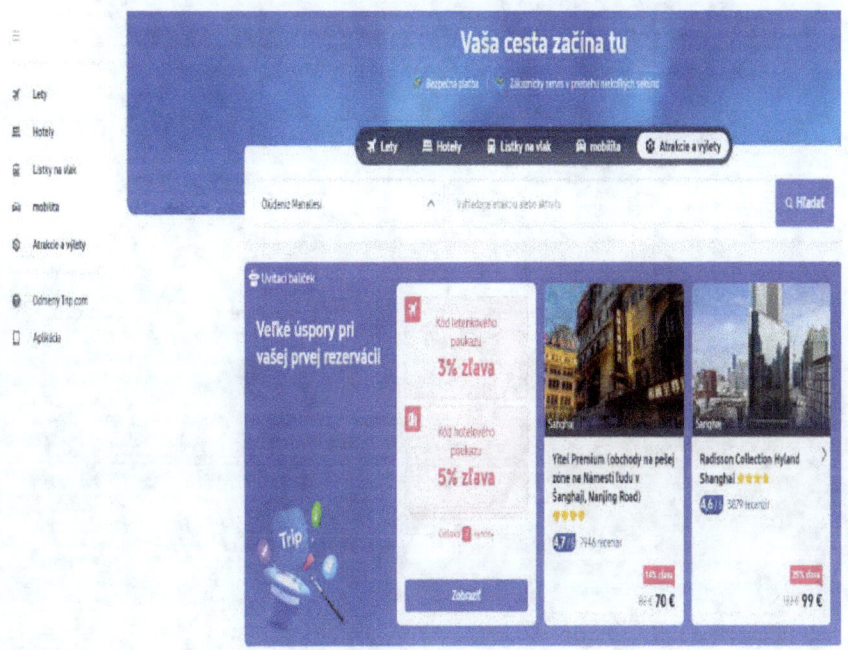

Cesta do Turecka Oludeníz

Pred časom som navštívila Turecko, časť, ležiacu juhozápadne od Antalye, s príletom do Dalamanu, konkrétne Ölüdeníz. Ölüdeníz je menšie letovisko v oblasti Mugla na mieste spojenia Egejského a Stredozemného mora.

Turecký Oludeniz je naozaj prekrásne miesto, vzdialené asi 75 km od mesta Dalamann, v ktorom je letisko. Ak hľadáte oblasť, ktorá je spojením nádhernej prírody, čistého mora a zároveň je pretkaná kúskom histórie, určite nebudete sklamaní ak sem prídete.

Neďaleko Oludeníz sa nachádza aj mesto Fethiye, známy tradičný turecký prístav a trhové miesto, na ktoré sa dostanete po 15 minútach jazdy Otokarom.

8. Let Z Bratislavy Do Tureckého Dalamanu

Let z Bratislavy do Dalamannu trval necelé dve a pol hodiny. Atmosféra na letisku bola pokojná a príjemná, presne taká, akú som si predstavovala na začiatku dovolenky, rozhodnutá mať nádherné zážitky.

Po príchode do Dalamannu bolo stále krásne teplé počasie. Cesta z letiska do Fethiye bola pohodlná a rýchla, a keď sme dorazili, hneď sme sa pustili do objavovania malebného mestečka. Po príchode sme si užili ešte fantastickú večeru a osviežujúce pivko Efez, na ktorom sme si pochutnali a ktoré nás dokonale osviežilo .

Príchod bol v ten deň zavŕšený a tak sme sa večer odobrali na zaslúžený odpočinok. Na druhý deň ráno sme si pochutnávali v miestnej reštaurácii na výborných raňajkách a nezabudnuteľnej tureckej kávičke. Hovorí sa, že turecká pohostinnosť je niečo, čo vás zahreje pri srdci a preto Oludeniz je miesto, ktoré by ste mali rozhodne zaradiť na svoj cestovateľský zoznam.

Veľmi zaujímavé miesta v oblasti Oludeniz a okolí sú:

1. **Údolie motýľov (Kelebekler Vadisi)** - jedno to jedno z mála miest, kde sa zachovala nedotknutá príroda Oludeniz. Na prvý pohľad vás Údolie motýľov (Kelebekler Vadisi) ohromí, a právom sa považuje za pravý raj pre prírodných nadšencov.

2. **Pláž Kumburnu s krištáľovo čistou vodou** netřeba tiež určite vynechať a myslím, že si budete chcieť iste pozrieť aj túto prirodnú rezerváciu, nachádzajúcu sa v modrej Lagúne.

3. Lýkijská cesta - staroveká cesta s krásnymi výhľadmi.

4. Babadag - hora s nádherným výhľadom na more.

5. Belcekiz - krásna pláž s krištáľovo čistou vodou.

6. Prírodný park Oludeniz - park s nádhernou prírodou a krásnymi výhľadmi.

7. Zátoka Oludeniz Kidrak - krásna zátoka s krištáľovo čistou vodou a bielym

   pieskom.

8. Kabak Bay - zátoka s nádhernými plážami a krásnymi výhľadmi.

9. Teleferik Lanovka vedúca do výšky 1900 m nad morom, rampa pre paraglaiding.

Letovisko Ölüdeníz a paraglaiding

V oblasti Oludeníz je obľúbenou aktivitou Paragliding, ktorý štartuje z blízkej hory Babadag a patrí medzi najnezabudnuteľnejšie zážitky, nakoľko ide o lietanie v tandeme, z vrcholu hory Babadag.

Všetky tieto úžasné miesta a zároveň výhľad na more z hory Babadag, ktorá sa stáva ešte magickejšou pri západe slnka stojí za to vidieť. Ak si vyskúšate paragliding z Babadagu – tento zážitok a výhľad je niečo, čo vás bude sprevádzať vo vašich spomienkach navždy.

Paraglaiding z výšky 2000 m nad morom Je naozaj zážitok, ktorý stojí za to. Lanovka vás vyvezie na **Teleferik** za cenu 10 eur/osoba. Prvým úsekom sa dostanete kabínkou do výšky 1700 metrov, a potom pokračujete sedačkovou lanovkou až do samotného vrcholu.

A keď sa dostanete na konečnú stanicu, pohľad, ktorý sa vám naskytne, vás úplne ohromí. Krásne výhľady na **Oludeníz** a jeho pobrežie sú priam dychberúce. A ak máte radi ešte viac adrenalínu, váš skúsený pilot vás môže zaviesť do neba a vykonať niekoľko akrobatických manévrov priamo na padáku. Je to skutočne vzrušujúci zážitok, ktorý vás naplní pocitom slobody a radosťou z každého okamihu.

Počas letu sa vám naskytne pohľad na úchvatné **Krištáľovo čisté more**, **pláže** a **skaly**, ktoré si užijete z výšky 2000 metrov, a po lete si môžete pozrieť videá a fotografie, ktoré vám inštruktori profesionálne spravia, a tak si uchovať spomienky na tento úžasný deň.

Na pláži sa okrem lietajúcich , letiacich a pristávajúcich paraglaidistov môžete kochať výhľadmi a pozorovať ostatných, ktorí sa vznášajú nad morom. A keď sa unavíte, stačí si ísť oddýchnuť v niektorej z reštaurácií s občerstvením, ktoré sa nachádzajú na staniciach lanovky – ideálna príležitosť, ako si vychutnať osviežujúci nápoj a zároveň obdivovať krásu okolia a pozorovať, ako sa návštevníci zúčastňujú , prípadne sa zúčastniť tohto nebeského dobrodružstva a vychutnať si tandemové lietanie.

Cena letu sa pohybuje od 65 do 75 eur na osobu, pričom cena sa líši podľa predajcov. Tento zážitok si zaručene užijete – let po celom pobreží mora vám ponúkne neporovnateľný pohľad z výšky, ktorý vám doslova vyrazí dych.

Turecká kuchyňa

Turecká strava je naozaj fascinujúca, a ak ste milovníkom dobrého jedla, určite sa vám tu bude páčiť. Každý pokrm v Turecku je plný prírodných chutí a vôní, ktoré sú výsledkom mixu stredomorských, stredovýchodných a ázijských vplyvov. Všetky ingrediencie sú čerstvé, čo robí jedlo ešte chutnějším. Začnime raňajkami, ktoré v Turecku nie sú len o rýchlej šálke kávy, ale o skutočnom kulinárskom zážitku.

Na stole nájdete rôzne druhy syrov (nesmieme zabudnúť na slávny beyaz peynir – biely syr), zeleninové šaláty, olivy, med, čerstvé chlebíky a tiež chutné omelety a vajíčka pripravené podľa vašich predstáv – od mäkkých až po tvrdé. A keď už hovoríme o vajíčkach, nezabudnite ochutnať **Menemen** – skvelú zmes vajíčok, rajčín, papriky a korenia, ktorá sa podáva s čerstvým chlebom.Keď príde čas na obedy a večere, ste v Turecku na správnom mieste. Turecká kuchyňa je totiž známa svojimi grilovanými pokrmami. A tu stojí za zmienku kebab, ktorý by ste si určite nemali nechať ujsť ochutnať na domácej pôde. Či už je to šavarma (grilované mäso z kociek) , alebo dürüm (kebab v pita chlebe), chutí vždy fantasticky. K tomu si určite objednajte šálku ayranu (sladký jogurtový nápoj), ktorý je vynikajúci na osvieženie po jedle.

Ďalšie špeciality, ktoré jednoducho musíte vyskúšať sú **Meze** – rôzne malé predjedlá, ktoré sú ideálne na spestrenie a vyskúšanie rôznych chutí. Obľúbené sú najmä plnené hroznové listy, rôzne druhy dipov ako hummus (cícerový dip), baba ganoush (baklažánový dip) a tabbouleh (zeleninový šalát so zmesou bulguru a byliniek).

Ďalšou neodolateľnou klasikou sú turecké **Dolma** – plnené hroznové listy (alebo zelenina), ktoré môžu byť plnené ryžou, mäsom alebo ich kombináciou. A ak chcete niečo skutočne chutné a jedinečné, vyskúšajte **lahmacun**, tenkú chrumkavú pizzu s mäsovým, zeleninovým a korenistým základom. Tieto jedlá sú skvelé na menšie občerstvenie počas dňa, alebo ako predjedlo pred hlavným jedlom.

No a čo by to bolo za návštevu Turecka bez **baklavy** - sladkosti, ktorá je známa po celom svete. Táto sladká, orechová pochúťka je pokrytá tenkými vrstvami lístkového cesta a celá je krásne presladená medom. A ak hľadáte ešte niečo sladšie, nenechajte si ujsť **Lokum**, známy aj ako turecký cukor, ktorý je zo želatíny a je dochutený rôznymi príchuťami, napr. ruža alebo citrus.

Turecko je okrem iného aj domovom skvelých **zeleninových pokrmov** napr. **Imambayildi** (baklažán plnený cesnakom a paradajkami),**Kisir** (zeleninový bulgur šalát), čerstvo pripravené **Pide** (tureckú pizzu), ktorá môže byť plnená rôznymi kombináciami mäsových alebo vegetariánskych surovín. A nakoniec, nezabudnite na miestnu **kávu** – silnú, aromatickú a skvelú na záver vášho jedla. V Turecku je pitie kávy tradíciou a jej príprava je naozaj špeciálna. A ak máte radi sladké, po káve určite ochutnajte **turecký dezert**, ako napríklad **künefe**, sladkú pochúťku z tenkých špagiet naplnených syrčekom a zalievaných medom.

Turecká kuchyňa je skutočne jedinečná a rôznorodá – od ľahkých jedál po bohaté a korenené pokrmy. Či už sa rozhodnete pre street food v rušnej uličke, alebo stolovanie v elegantnej reštaurácii, vždy sa môžete tešiť na vynikajúce jedlo, ktoré vás úplne pohltí.

Na dovolenke v Ölüdeníz je to úplne iné ako doma – žiadne povinnosti, len pohoda, relax a užívanie si každého momentu. Necháte sa rozmaznávať, obslúžiť a jednoducho si užívate každý moment. Úplne vás pohltí ochutnávanie miestnych špecialít, plávanie v nádhernom mori a rôzne športové , či výletné aktivity.

Pláž v Ölüdeníz

Je dlhá, kamienková a obklopená krásnym prírodným prostredím. Práve tam si môžete oddýchnuť pod slnečníkmi, ktoré sú pohodlne rozmiestnené popri celej pláži. Počas celého dňa môžete relaxovať na ležadlách, ktoré si môžete prenajať za cenu 10,48 eura na deň. Zároveň si môžete vychutnať krásny pohľad na zátoku a výletné lode, ktoré tu pravidelne kotvia.A keď sa rozhodnete navštíviť neďalekú Modrú Lagúnu ,prírodnú rezerváciu, užijete si ešte viac. Táto oblasť je trochu drahšia, za ležadlá so slnečníkom tu zaplatíte 12,48 eura. Ale určite sa Modru lagunu oplatí vidieť. Je to ideálne miesto pre rodiny s deťmi, pretože je tu piesok a pláž prispôsobená pre tých najmenších. Samozrejme, je tu aj trocha viac ľudí a väčší ruch, ale to všetko je súčasťou úžasnej Dovolenkovej atmosféry.

Čo sa týka pohodlia, je v Modrej Lagune a Oludeníz naozaj vybavenosť. Všade na pláži, aj v okolí, sú terminály na platby kartou, takže sa nemusíte obávať, že by ste museli hľadať zmenáreň. Platba je jednoduchá a kurz sa prepočítava priamo podľa vašej banky. Každých pár krokov nájdete plážový bar s čerstvými jedlami, morskými plodmi, wrapmi, burgermi a samozrejme aj so studenými drinkami i zmrzlinou. Čašníci sú veľmi priateľskí a radi vám donesú objednávku priamo k ležadlám, takže sa nemusíte vôbec starať o nič, a len si užívať, ak to tak máte radi. Na pláži nájdete aj toalety, sprchy, prezliekarne -všetko je po ruke a užijete si dovolenku bez akýchkoľvek starostí. Celkovo je pláž a okolie skvele vybavené a všetko potrebné je ľahko dostupné, a to vás len povzbudí, aby ste si tu užili každú minútu.

Výlety

Výlety v Ölüdeníz sú skutočným zážitkom a plné nezabudnuteľných momentov. Začnime plavbou loďou. Všetky výletné lode vyplávajú z prístavu v Ölüdeníz s veselou atmosférou a hlasnou hudbou, ktorá vás hneď vtiahne do letného rytmu. Loď vyráža každý deň medzi 10:30 a 11:00 hodinou a späť sa vracia okolo 17:00 hodiny poobede. Počas celodennej plavby sa dostanete do nádherných miest ako je Údolie motýľov (Butterfly Valley) a ostrov Gemiler. Je to skutočne jedinečná skúsenosť – 35 eur na osobu zahŕňa nielen úžasnú plavbu, ale aj chutný grilovaný obed priamo na palube a pohodlný transfer z hotela a späť. Nezabudnuteľné scenérie, čistá voda a osviežujúci vietor pridávajú čaro letnej atmosfére na lodi.

Skvelým výletom je aj plavba na korytnačiu pláž v Dalyane. Tento výlet vás zavedie na jedno z najkrajších miest, kde starostlivo chránia morské korytnačky a ich hniezda. Okrem tohto úžasného miesta si budete môcť užiť kúpanie v čistých vodách a relaxáciu v bahenných kúpeľoch, ktoré majú blahodárne účinky na vašu pokožku. Tento výlet s cenou 167 eur na osobu je skutočne nezabudnuteľný a spája prírodnú krásu s oddychom a zážitkami.

Každý z spomínaných výletov ponúka úplne nový pohľad na Turecko.Krásy prírody, histórie a kultúry si určite zamilujete. Plavba, relaxácia a zábava sú tak prepojené, že si budete vychutnávať každú sekundu a zážitky vás doslova naplnia pozitívnou energiou, a radosťou.

More v Ölüdeníz

Voda je nielen krásne čistá, ale aj príjemne teplá – teplota 29 °C zaručuje, že vás osvieži a zároveň zahreje. Keď si len ľahnete na hladinu, more vás jemne unáša na svojich trblietavých vlnách, a vy sa len necháte hýčkať týmto

úžasným zážitkom, čo je úplne fantastické. Počas plávania som sa tešila aj z pozorovania **morských živočíchov**. Pod sebou som uvidela čierne morské rybky, ktoré plávali v húfoch okolo mňa aj podomnou v pokojnej harmónii s prírodou. Dno mora bolo piesočnaté, občas posiate skalami. Mohla som obdivovať aj **morských ježkov, priznám sa ale len z bezpečnej vzdialenosti**. Jeden smelý bol na aj súši, tak som si ho mohla pozorne prezrieť aj zblízka.

Prvý deň na pláži v Oludeníz me strávili pohodovo – celý deň chytajúc bronz. Vždy len v tieni, ale aj tak som sa vrátila domov krásne do bronzova opálená.

Ďalšie dni sa tiež niesli v znamení dobrodružstva. Každý deň niečo nové – výlety, zábava na vode, športové aktivity... a kopec smiechu. Dni boli nabité programom a radosťou, a večer sme si robievali prechádzky pri mori, ochutnávali dobré jedlo a plánovali ďalše zážitky. Bol to skvelý výlet a dovolenka, keď si na ňu spomeniem cítim radost a hneď mám úsmev na tvári.

A teraz je rad na vás.

Otvorte svoj diár a začnite plánovať **vaše cestovateľské dobrodružstvo práve teraz!** ☐ ✈

🖐 Tu nájdete krátky **pracovný list: Plán cesty** a **Praktický plán cestovateľa**, ktorý vám pomôže zorganizovať si **vlastnú vysnívanú dovolenku** krok za krokom. Prilohy si starostlivo vyplňte a Váš Trip začína.

Plán cesty -zaznamenajte si

📍 Môj **cieľ**: hory, more, mestá, vidiek?..
🐾 **Kam pocestujem?...vyber krajiny**...
....
✈ Letenky – skyscanner.com, momondo.com, kiwi.com..
♡ Poistenie – Union, Uniqa, AXA alebo cez vašu platobnú kartu..
🛏 Ubytovanie – booking.com, hotels.com, tripadvisor.com..
🍽 Strava – raňajky, polpenzia, all inclusive alebo miestne reštaurácie..
🚐 Transfer z letiska – verejná doprava, shuttle bus, taxi, prenájom auta..
🚲 Presun a cestovanie po okolí – autobus, taxík, skúter, bicykel..
🖊 Výlety a atrakcie v okolí – vstupenky si môžete kúpiť aj online..
🎁 Darčeky a iné výdavky – nezabudnite na suveníry ako turecký med, baklava, káva ....

Záver

Milí cestovatelia dušou aj srdcom,

na stránkach tejto e-knihy „*Ako cestovať efektívne a s radosťou*" som sa s vami s láskou podelila o tipy, triky a malé tajomstvá, ktoré vám môžu spríjemniť a zjednodušiť cestovanie. Verím, že ste v nej našli nielen užitočné rady, ale aj iskru inšpirácie, ktorá vás povzbudí vydať sa za vašimi ďalšími zážitkami.

Svet je veľký, pestrý a krásny – a čaká len na to, kedy doňho vykročíte. Stanovte si cieľ, a nechajte sa uniesť svojimi snami a začnite plánovať. Váš príbeh sa môže začať už dnes.

Na úplnom konci tejto knihy nájdete **praktický pracovný list**, ktorý si môžete vyplniť a tým urobiť prvý konkrétny krok na ceste k vašej ďalšej výprave. Dovoľte, aby sa z vašich plánov stali spomienky, na ktoré budete ešte dlho s úsmevom spomínať.

A ak vás táto e-kniha potešila alebo vám priniesla niečo užitočné, veľmi ma poteší, ak sa so mnou o to podelíte a pochválite svojím cestovateľským plánom, ktorý ste si zostavili.
Napíšte mi na: **anna.cestovanie@gmail.com** každý váš postreh, otázka či spätná väzba je pre mňa darom.

Nech je vaša ďalšia cesta naplnená radosťou, pokojom a malými zázrakmi na každom kroku.
A nezabudnite – **najkrajšia cesta je tá, ktorú si vytvoríte sami**.

S nadšením a úctou,
Anna.

Navštívte moju webovú stránku

Milý čitateľ,

Ďakujem, že ste si prečítali túto knihu! Ak by ste chceli osobné rady, ako cestovať efektívnejšie, jednoducho naskenujte QR kód a spojte sa so mnou priamo. Odpoviem vám do 24–48 hodín a rád vám pomôžem s ďalším cestovateľským plánom!

www.ingramcontent.com/pod-product-compliance
Lightning Source LLC
Chambersburg PA
CBHW052110070526
44584CB00017B/2416